定期テスト ズバリよくでる 　英語｜3年　 光村図書版

JN078027

もくじ

取り外してお使いください　赤シート＋直前チェックBOOK,別冊解答

※全国の定期テストの標準的な出題範囲を示しています。学校の学習進度とあわない場合は,「あなたの学校の出題範囲」欄に出題範囲を書きこんでお使いください。

Step 1 | **基本チェック** | **Unit 1 School Life Around the World** 5分

■ **赤シートを使って答えよう！**

❶ [受け身の文]

解答欄

☐ ❶ Our classroom [cleans / is cleaned] by us.

☐ ❷ This castle was [built / build] about 400 years ago.

❶ _____

❷ _____

❷ [let＋人・もの＋動詞の原形／help＋人＋動詞の原形]

☐ ❶ 私にピアノをひかせてください。

[Let] me play the piano.

☐ ❷ 私は彼がそれを読むのを手伝いました。

I helped him [read] it.

❶ _____

❷ _____

❸ [tell＋人（＋that）〜]

☐ 母は私に，私は早く起きるべきだと言います。

My mother tells [me] [that] I should get up early.

_____

POINT ··

❶ [受け身の文]

〈be動詞＋過去分詞〉は「〜され（てい）る」という受け身の意味を表す。

・The classes are taught in English or Arabic. [クラスは英語またはアラビア語で教えられます。]
└ teachの過去分詞

❷ [let＋人・もの＋動詞の原形／help＋人＋動詞の原形]

①〈let＋人・もの＋動詞の原形〉は「（人・もの）に〜させる」（許可）という意味になる。

・Let me show you my school. [私に，私の学校をあなたに紹介させてください。]
└ 動詞の原形

②〈help＋人＋動詞の原形〉は「（人）が〜するのを手伝う」という意味になる。

・Our teachers help us prepare for performances. [私たちの先生は，私たちが上演のた
└ 動詞の原形　　　　　　　　　　めに準備するのを手伝います。]

❸ [tell＋人（＋that）〜]

tellやshowなどの動詞は〈tell / show＋人（＋that）〜〉の形で「（人）に〜ということを言う／示す」という意味を表す。〜の部分は文の形（主語＋動詞 ...）になる。thatは接続詞で省略することができる。

・Ms. Brown told us (that) it was an interesting website.
　　　　　　　　thatは省略できる┘　　文の形：〈主語＋動詞 〜〉

[ブラウン先生は私たちに，それはおもしろいウェブサイトだと言いました。]

2

Step 2 予想問題 : **Unit 1 School Life Around the World**

30分
(1ページ10分)

❶ 次の❶〜❻は意味を日本語で書き，❼〜⓮は英語にしなさい。

💡ヒント

❶

❼bicycleとも言う。
⓭「100(の)」= hundred

☐❶ skill （　　　　　　　） ☐❷ fix （　　　　　　　）

☐❸ across （　　　　　　　） ☐❹ stomach （　　　　　　　）

☐❺ brain （　　　　　　　） ☐❻ enter （　　　　　　　）

☐❼ 自転車 ＿＿＿＿＿＿＿ ☐❽ 制服 ＿＿＿＿＿＿＿

☐❾ 2度，2回 ＿＿＿＿＿＿＿ ☐❿ 〜を運ぶ ＿＿＿＿＿＿＿

☐⓫ ウェブサイト＿＿＿＿＿＿＿ ☐⓬ 規則 ＿＿＿＿＿＿＿

☐⓭ 千(の) ＿＿＿＿＿＿＿ ☐⓮ 十分な ＿＿＿＿＿＿＿

❷ 次の各組の下線部の発音が同じなら〇を，異なるなら×を書きなさい。

☐❶ { t<u>au</u>ght / c<u>ou</u>nt } （　　　）

☐❷ { c<u>a</u>rry / t<u>a</u>blet } （　　　）

☐❸ { h<u>i</u>ll / dev<u>i</u>ce } （　　　）

❸ 次の文の（　）に適切な語(句)を下から選び，記号を〇で囲みなさい。

❸

❷Let me に続く語。

❸ ✕|ミスに注意
　helpを使う表現には〈help＋人＋with＋名詞〉「(人)が〜するのを手伝う」もある。

❹空欄の後ろには〈主語＋動詞 〜〉が続く。

☐❶ English （　　　） in many countries.
　⑦ spoke　　　⑦ is speaking　　　⑦ is spoken

☐❷ Let me （　　　） TV after dinner.
　⑦ watch　　　⑦ watching　　　⑦ to watch

☐❸ I helped Tom （　　　） souvenirs for his friends.
　⑦ bought　　　⑦ buy　　　⑦ buying

☐❹ Emi told me （　　　） she was hungry.
　⑦ to　　　⑦ that　　　⑦ and

❹ 次の文の＿＿＿に適切な語を，下から1つずつ選んで書きなさい。

❹

適切な前置詞を選ぶ問題。

❶この play は名詞で「劇，芝居」。

❸「夜に」を表す。

❹confidence「自信」

☐❶ We will put ＿＿＿＿＿＿ a play next month.

☐❷ I usually walk ＿＿＿＿＿＿ school.

☐❸ They have to work ＿＿＿＿＿＿ night.

☐❹ You should speak English ＿＿＿＿＿＿ confidence.

☐❺ Our team is divided ＿＿＿＿＿＿ two groups.

| at | on | with | into | to |

点UP

❺ 次の日本語に合う英文になるように，____に適切な語を書きなさい。

□❶ 私たちは月曜日から金曜日まで学校へ行きます。

We go to school _____ Monday _____ Friday.

□❷ 私たちのおのおのが1台のコンピュータを持っています。

_____ of _____ has a computer.

□❸ 私の家の正面に1台の車があります。

There is a car _____ _____ of my house.

□❹ あなたは，彼_{かれ}らが私の兄弟だと知っていましたか。

_____ you _____ that they are my brothers?

□❺ 彼は海のとても近くにある家に住んでいます。

He lives in a house _____ _____ the sea.

□❻ 私は家に帰りたいです。なぜなら私は頭痛がするからです。

I want to go home. That is _____ I have a headache.

❻ 次の文を( )内の指示にしたがって書き替_かえるとき，____に適切な語を書きなさい。

□❶ He wrote this letter. （受け身の文に）

This letter _____ _____ by _____.

□❷ This room is used by Ken now. （否定文に）

This room _____ _____ by Ken now.

□❸ She is called Emi by her friends. （下線部をたずねる疑問文に）

_____ _____ she _____ by her friends?

□❹ I'd like to play the guitar.

(letを使って「私に〜させてください」という意味の文に)

Let _____ _____ the guitar.

□❺ Ms. Brown teaches English to them. （ほぼ同じ内容の文に）

Ms. Brown teaches _____ _____.

□❻ We should follow the rules. Mr. Sato often tells that to us.

(接続詞thatを使って「佐藤先生はよく私たちに〜ということを言います」という意味の1文に)

Mr. Sato often _____ _____ _____ we should follow the rules.

💡ヒント

❺
❶「〜から…まで」を2つの前置詞を使って表す。
❷「おのおの，それぞれ」を表す語が主語。
❸「〜の正面に」を表す語句。
❺「〜のとても近くにある」→「〜に接近した，〜にごく近い」
❻前に述べたことの理由を言うときに使う表現。

❻
❶byの後ろの代名詞は目的格になる。
❷受け身の否定文。
❸疑問詞を使う受け身の疑問文。
❺❻toを使わずに，目的語が2つある文にする。❻は「もの」がthat 〜になっている。

〈動詞＋もの＋to＋人〉
→〈動詞＋人＋もの〉

❼ 次の英文を日本語にしなさい。

☐ ❶ These dolls can be bought at that shop.

（ 　　　　　　　　　　　　　　　　　　　　　　　　 ）

☐ ❷ I often help my mother wash the dishes.

（ 　　　　　　　　　　　　　　　　　　　　　　　　 ）

☐ ❸ You need to buy a ticket for the concert.

（ 　　　　　　　　　　　　　　　　　　　　　　　　 ）

❽ 次の日本語に合う英文になるように，（ 　）内の語(句)を並べ替えなさい。

☐ ❶ そのタブレットは教科書として使われていますか。

(used / is / a textbook / the tablet / as)?

＿＿＿＿＿＿＿＿＿＿＿＿＿＿＿＿＿＿＿＿＿＿＿＿＿?

☐ ❷ あなたがたに１枚の絵を示させてください。

(you / let / a painting / me / show).

＿＿＿＿＿＿＿＿＿＿＿＿＿＿＿＿＿＿＿＿＿＿＿＿＿.

☐ ❸ 私は弟が数学を勉強するのを手伝いました。

(my brother / math / helped / study / I).

＿＿＿＿＿＿＿＿＿＿＿＿＿＿＿＿＿＿＿＿＿＿＿＿＿.

☐ ❹ 彼女(かのじょ)は私に最善を尽(つ)くすべきだと言います。

(me / I / my best / she / do / tells / should).

＿＿＿＿＿＿＿＿＿＿＿＿＿＿＿＿＿＿＿＿＿＿＿＿＿.

❾ 次の日本語を(　)内の指示にしたがって英文にしなさい。

☐ ❶ 私にあなたを手伝わせてください。（letを使って）

＿＿＿＿＿＿＿＿＿＿＿＿＿＿＿＿＿＿＿＿＿＿＿＿＿

点UP

☐ ❷ 私の姉は私が自分の部屋を掃除(そうじ)するのを手伝ってくれました。

（動詞cleanを使って）

＿＿＿＿＿＿＿＿＿＿＿＿＿＿＿＿＿＿＿＿＿＿＿＿＿

☐ ❸ このミュージカルは多くの子供たちに好まれています。

（受け身の文で）

＿＿＿＿＿＿＿＿＿＿＿＿＿＿＿＿＿＿＿＿＿＿＿＿＿

[解答 ▶ pp.1-2]　**5**

💡**ヒント**

❼

❶助動詞canのある受け身の文。

❷〈help＋人＋動詞の原形〉「(人)が～するのを手伝う」

❸need「～を必要とする」 needに不定詞の名詞的用法が続いている。

❽

❶受け身の疑問文。

❷「(私に)～させてください。」と許可を求める表現。

●letの2つの用法

・〈Let's＋動詞の原形 ....〉「～しましょう。」(let's = let us)

・〈Let me＋動詞の原形 ....〉「私に～させてください。」

❾

❷ ✕ミスに注意

過去の文でも，過去形にするのは動詞helpだけ。

❸「子供たち」は複数形なので注意。

Step 3 予想テスト : **Unit 1 School Life Around the World** 30分 /100点 目標 80点

❶ 次の日本語に合う英文になるように，____に入る適切な語を書きなさい。知 15点(各5点)

① 私は毎日歩いて通学します。

I _____ _____ _____ every day.

② あなたは夜に多くの星を見ましたか。

Did you see a lot of stars _____ _____?

③ 私はよくスポーツをします。たとえば，野球やテニスです。

I often play sports. _____ _____, baseball and tennis.

❷ 次の日本語に合う英文になるように，（ ）内の語(句)を並べ替えなさい。知 15点(各5点)

① 明日，私をキャンプに行かせてください。(camping / go / me / let) tomorrow.

② 授業は英語で教えられていますか。(taught / English / the classes / in / are)?

③ トムはよく私に日本語は難しいと言います。

Tom (tells / is / difficult / that / often / me / Japanese).

❸ 次の会話文の（ ）に入る動詞を下から１つずつ選び，適切な形にかえて書きなさい。
ただし，かえる必要のないものはそのまま書きなさい。知 20点(各5点)

Kota: What are you （ ① ） at?

Tina: It's a website. It's （ ② ） "School Life Around the World."

Eri: Ms. Brown （ ③ ） us that it was an interesting website.

Hajin: What's on it?

Tina: Look. Students from across the world （ ④ ） their schools.

| tell   look   introduce   call |

❹ 次の文は，イギリスの中学生のCaitlinの学校紹介の一部です。これを読んで，あと
の問いに答えなさい。知 表 30点

    We have classes from 8:00 a.m. to 4:45 p.m. My favorite is drama class. In this class, we ①(   ) (   ) plays or musicals twice a year.

    Our teachers ②(us / help / prepare) for performances. ③They teach us acting and speaking skills. They always encourage us. We learn to speak in front of people with confidence. It's also fun.

① 下線部①が「劇またはミュージカルを上演する」という意味になるように，（　）に入る適切な語を書きなさい。 (6点)

② 下線部②の（　）内の語を正しく並べ替えなさい。 (8点)

③ 下線部③を日本語にしなさい。 (8点)

④ 次の文がCaitlinたちが演劇の授業で学んでいる内容を表すように，（　）に入る適切な日本語を書きなさい。 (8点)

（　　　　　　　　　　　　　　）を持って話すこと

❺ 次のメモはケンが家族と自分についての英語のスピーチ用に作ったものです。ケンになったつもりで，❶，❷の内容を英文で書きなさい。❷はtell，shouldを使って書くこと。表 20点(各10点)

〈メモ〉　❶ 自分は母が朝食を作るのをよく手伝う。

　　　　　❷ 父は自分に対して本をたくさん読むべきだと言う。

❶	❶			
	❷		❸	
❷	❶			tomorrow.
	❷			?
	❸	Tom		.
❸	①	②	③	④
❹	❶			
	❷			
	❸			
	❹			
❺	❶			
	❷			

Step 1 基本チェック ● Unit 2 Our School Trip ~ Daily Life 2

 10分

■ 赤シートを使って答えよう！

❶［現在完了形〈完了〉］

解答欄

□ ❶ 私はちょうど駅に着いたところです。

I have just [arrived] at the station.

❶ _____

□ ❷ あなたはもう昼食を終えましたか。—はい，終えました。

[Have] you finished lunch yet? — Yes, I [have].

❷ _____

□ ❸ 私はまだ宿題をしていません。

I [haven't] done my homework [yet].

❸ _____

POINT

❶［現在完了形〈完了〉］

①〈have[has] ＋過去分詞〉の形を現在完了形と言い，完了用法では「～したところだ」「～してしまった」という意味を表す。動作や行為が終わっている場合に使う。

完了を表す文では，already「もう，既に」やjust「ちょうど」などの語がよく使われる。

have, has を主語によって使い分ける

・We <u>have</u> finally <u>arrived</u> in Miyajima. ［私たちはついに宮島に着きました。］

arrive の過去分詞

②現在完了形の疑問文はhave[has]を主語の前に置き，答えるときもhave[has]を使う。

「もう～しましたか。」は〈Have[Has] ＋主語＋過去分詞 ... yet?〉の形になる。

yetは疑問文で「もう」という意味を表す。

・Have you <u>checked</u> your photos <u>yet</u>? ［あなたはもうあなたの写真を確かめましたか。］

check の過去分詞　普通，文末に置く

— Yes, I have. / No, I <u>haven't</u>. ［はい，確かめました。／いいえ，確かめていません。］

have not の短縮形

③現在完了形の否定文はhave[has]の後ろにnotを置く。「まだ～していない」は〈have[has] not ＋過去分詞 ... yet〉で表す。yetは否定文で「まだ」という意味を表す。

has not の短縮形

・The tram <u>hasn't left</u> <u>yet</u>. ［路面電車はまだ出発していません。］

leave の過去分詞

❷ [現在完了形〈経験〉]

☐ **❶** 私は以前ダンスを習ったことがあります。

I've [learned] dance before.

❶ ＿＿＿＿＿＿＿＿

☐ **❷** ケンはこれまでにテニスをしたことがありますか。

[Has] Ken [ever] played tennis?

❷ ＿＿＿＿＿＿＿＿

＿＿＿＿＿＿＿＿

☐ **❸** [❷への応答]はい，あります。

Yes, he [has].

❸ ＿＿＿＿＿＿＿＿

☐ **❹** 彼らは京都を一度も訪れたことがありません。

They have [never] [visited] Kyoto.

❹ ＿＿＿＿＿＿＿＿

＿＿＿＿＿＿＿＿

☐ **❺** 私はオーストラリアへ2度行ったことがあります。

I have [been] to Australia [twice].

❺ ＿＿＿＿＿＿＿＿

＿＿＿＿＿＿＿＿

POINT

❷ [現在完了形〈経験〉]

①〈have[has]＋過去分詞〉は経験用法では「～したことがある」という意味を表す。

┌ I have の短縮形
・I've been to New York twice. ［私は2度ニューヨークへ行ったことがあります。］
└be の過去分詞　※have[has] been to ～「～へ行ったことがある」

②「（これまでに）～したことがありますか。」という疑問文は〈Have[Has]＋主語＋(ever＋)過去分詞 ...?〉の形になる。

・Have you ever seen him like that? ［あなたはこれまでにあのような彼を見たことが
　「これまでに」┘　└see の過去分詞　　　　ありますか。］

— Yes, I have. / No, never. ［はい，あります。／いいえ，一度もありません。］
　　　　　　　　└「一度も～ない」　※No, I haven't. ［いいえ，ありません。］でもよい。

③「一度も～したことがない」は〈have[has]＋never＋過去分詞〉の形になる。

・I've never seen such a beautiful sunset.
　　└普通，過去分詞の前に置く　　　［私はあんな美しい夕焼けを一度も見たことがありません。］

●現在完了形〈完了・経験用法〉でよく使う語・表現

完　了	経　験	
just　　「ちょうど」	before「以前」	twice 　「2度，2回」
already「もう，既に」	ever　（疑問文で）「これまでに」	～ times「～回，～度」
yet（疑問文で）「もう」	never　（否定文で）「一度も～ない」	How many times ～?
（否定文で）「まだ（～ない）」		「何回，何度～ですか。」

9

❶ 次の❶〜❻は意味を日本語で書き，❼〜⓬は英語にしなさい。

💡ヒント

❶
❶ sun「太陽」と関連する語。
❽「木，森，林」＝wood
❾ つづりに注意。

□❶ sunset　（　　　　　　　）　□❷ shrine　（　　　　　　　）

□❸ person　（　　　　　　　）　□❹ report　（　　　　　　　）

□❺ perfect　（　　　　　　　）　□❻ amusement（　　　　　　）

□❼ 忙(いそが)しい　＿＿＿＿＿＿　□❽ 木製の　＿＿＿＿＿＿

□❾ 急ぐ　＿＿＿＿＿＿　□❿ 変わる　＿＿＿＿＿＿

□⓫ 戻(もど)る，帰る　＿＿＿＿＿＿　□⓬ 裕福な　＿＿＿＿＿＿

❷ 次の語で最も強く発音する部分の記号を答えなさい。

□❶ ho-tel
　　ア　イ
　　　　　（　　　）

□❷ pass-port
　　ア　　イ
　　　　　（　　　）

❸ 次の文の（　）内から適切な語を選び，○で囲みなさい。

❸
❶ have と already に注目する。
❷〜❹ ⊗ ミスに注意
規則動詞は過去形と過去分詞が同じ形。

□❶ I have already (do,　did,　done) my homework.

□❷ The train (was,　has,　have) just arrived at the station.

□❸ (Have,　Do,　Were) you cleaned your room yet?

□❹ (Is,　Does,　Has) your father ever visited New York?

□❺ I've (never,　didn't,　wasn't) seen that movie.

❹ 次の対話文の＿＿に適切な文を下から１つずつ選び，記号で答えなさい。

❹
❸「外で遊びましょう。」の前に入る文。
❹ Aは5時に家に帰らなければならないが，Bは「4時50分です。」と言っている。

□❶ A: Can I eat this cake, Mom?　　　　　　（　　　）
　　 B: ＿＿＿＿＿ Wash your hands before you eat it.

□❷ A: I bought a present for you. ＿＿＿＿＿　（　　　）
　　 B: Thank you so much. May I open it?

□❸ A: Look. We had snow last night.　　　　（　　　）
　　 B: Yes. ＿＿＿＿＿ Let's play outside.

□❹ A: I have to go home at five.　　　　　　（　　　）
　　 B: Really? It's four fifty. ＿＿＿＿＿ You should run.

　　 ㋐ Hurry up.　　　　　　㋑ Come on, guys.

　　 ㋒ Wait a minute!　　　　㋓ Here you are.

❺ 次の日本語に合う英文になるように，＿＿に適切な語を書きなさい。

□ **❶** 私の妹は大きい犬を怖（こわ）がります。

My sister is ＿＿＿＿＿ ＿＿＿＿＿ big dogs.

□ **❷** 私は全然疲れていません。

I'm not tired ＿＿＿＿＿ ＿＿＿＿＿.

□ **❸** 私は後であなたたちに追いつきます。

I'll ＿＿＿＿＿ ＿＿＿＿＿ with you later.

□ **❹** ケンはどうしたのですか。

＿＿＿＿＿ up ＿＿＿＿＿ Ken?

□ **❺** たいしたことではありません。

It's no ＿＿＿＿＿ ＿＿＿＿＿.

□ **❻** あなたの予定を私に知らせてください。

Let ＿＿＿＿＿ ＿＿＿＿＿ your plans.

❻ 次の日本語に合う対話文になるように，＿＿に適切な語を書きなさい。

□ **❶** あなたはもう手紙を書きましたか。

―はい，書きました。私はちょうど書き終えたところです。

＿＿＿＿＿ you ＿＿＿＿＿ the letter yet?

― Yes, I ＿＿＿＿＿. I've just ＿＿＿＿＿ writing it.

□ **❷** トムはもう家を出ましたか。

―いいえ，まだです。彼（かれ）は今，朝食を食べています。

Has Tom ＿＿＿＿＿ home yet?

― No, not ＿＿＿＿＿. He is ＿＿＿＿＿ breakfast now.

□ **❸** あなたはこれまでに沖縄に行ったことがありますか。

―はい，私はそこへ数回行ったことがあります。

Have you ＿＿＿＿＿ ＿＿＿＿＿ to Okinawa?

― Yes, I have ＿＿＿＿＿ there several ＿＿＿＿＿.

□ **❹** エミは以前ピアノをひいたことがありますか。

―いいえ，一度もありません。

＿＿＿＿＿ Emi ＿＿＿＿＿ the piano before?

― No, ＿＿＿＿＿.

[解答 ▶ pp.3-4] **11**

💡ヒント

❺
❷否定の意味を強調する表現。
❹❺会話で使う表現。
❻ Let me ～. は「私に～させてください。」という意味で使う。

Unit 2 Our School Trip ～ Daily Life 2

❻ **✕ ミスに注意**
❶❷現在完了形の完了（かんりょう）の意味。
❷ No の答え方と「今～しています。」に注意。
❸❹現在完了形の経験の意味。

「～へ行ったことがある」は be 動詞の過去分詞 been を使って have[has] been to ～で表すよ。

❹ No の答え方に注意。1語で「一度もない」と答えるには？

❼ 次の文を（　）内の指示にしたがって書き替えるとき，＿＿＿に適切な語を書きなさい。

☐ ❶ My father read today's newspaper.
（justを使って現在完了形の文に）
My father ＿＿＿＿＿＿ ＿＿＿＿＿＿ ＿＿＿＿＿＿
today's newspaper.

☐ ❷ You have already bought your ticket.
（「もう～しましたか」という意味の疑問文に）
＿＿＿＿＿＿ you ＿＿＿＿＿＿ your ticket ＿＿＿＿＿＿?

☐ ❸ I didn't have dinner.
（「まだ～していません」という意味の現在完了形の文に）
I ＿＿＿＿＿＿ ＿＿＿＿＿＿ dinner ＿＿＿＿＿＿.

☐ ❹ You have heard Tom's brother's voice. （everを使って疑問文に）
＿＿＿＿＿＿ you ＿＿＿＿＿＿ ＿＿＿＿＿＿ Tom's
brother's voice?

☐ ❺ Tom didn't try to eat *natto*.
（「一度も～したことがありません」という意味の文に）
Tom ＿＿＿＿＿＿ ＿＿＿＿＿＿ ＿＿＿＿＿＿ to eat
natto.

☐ ❻ Ken has visited Kyoto <u>twice</u>. （下線部をたずねる疑問文に）
How ＿＿＿＿＿＿ ＿＿＿＿＿＿ ＿＿＿＿＿＿ Ken
visited Kyoto?

❽ 次の英文を日本語にしなさい。

☐ ❶ I left my cap on the train yesterday.
（　　　　　　　　　　　　　　　　　　）

☐ ❷ They have finally arrived in Tokyo.
（　　　　　　　　　　　　　　　　　　）

☐ ❸ He hasn't done his homework yet.
（　　　　　　　　　　　　　　　　　　）

☐ ❹ Have you ever been to Korea?
（　　　　　　　　　　　　　　　　　　）

☐ ❺ I've never seen such a wonderful painting.
（　　　　　　　　　　　　　　　　　　）

ヒント

❼
❶just「ちょうど」
❷ **⊗ミスに注意**
already「もう，既に」
疑問文で「もう」と言うときは別の語を使う。
❸「まだ（～していない）」を表す語に注意。
❹ever「これまでに」
❺「一度も～ない」を1語で表す。
❻twiceは「2度，2回」という回数を表す語。

❽
❶yesterday「きのう」
過去の出来事を述べている文。
❷finally「ついに，やっとのことで，ようやく」
❸否定文中のyetの意味に注意。
❹❺現在完了形の経験用法の文。

点UP

ヒント

9 次の日本語に合う英文になるように，（　）内の語（句）を並べ替えなさい。

① 私はもう荷造りを終えました。

(finished / I / already / have / packing).

_____.

② ケンはまだパスポートを手に入れていません。

(hasn't / yet / Ken / his passport / got).

_____.

③ ユキはもう犬に食事を与えましたか。

(the dog / Yuki / yet / has / fed)?

_____?

④ 私はあのような彼を一度も見たことがありません。

(never / like / I've / him / seen / that).

_____.

⑤ あなたはどの国を訪れたことがありますか。

(you / visited / countries / have / what)?

_____?

10 次の日本語を（　）内の語を使って英文にしなさい。

① 私はちょうど昼食を終えたところです。(just)

_____

② その電車はもう出発してしまいましたか。(yet)

_____

③ 私の弟はまだ顔を洗っていません。(yet)

_____

④ 私は富士山に3度登ったことがあります。(times)

_____

⑤ あなたはこれまでにその古い城のことを聞いたことがありますか。(ever)

_____

⑥ 私のいとこはニューヨークへ一度も行ったことがありません。(never)

_____

9
●現在完了形〈完了・経験用法〉でよく使われる語の位置
・already, just →have[has]と過去分詞の間
・yet→文末
・ever（疑問文）→過去分詞の前
・never →have[has]と過去分詞の間
※例外もあるが，基本的な使い方を覚えておこう。

10
①〜③現在完了形の完了用法の文。
②「出発する」= leave
④〜⑥現在完了形の経験用法の文。
④「〜に登る」= climb

Unit 2 Our School Trip ~ Daily Life 2

Step 3 予想テスト : **Unit 2 Our School Trip ～ Daily Life 2**　⏱ 30分　／100点　目標 80点

❶ 次の日本語に合う英文になるように，＿＿に入る適切な語を書きなさい。 知　15点(各5点)

① 私は友人たちに追いつきました。　　　　　　I _____ _____ _____ my friends.

② エミはどうしたんでしょう。　　　　　　　　_____ _____ _____ Emi?

③ あなたの電話番号を私に知らせてください。　_____ _____ know your phone number.

❷ 次の日本語に合う英文になるように，（　）内の語(句)を並べ替えなさい。 知　15点(各5点)

① 私の妹はまだ部屋を掃除していません。

(cleaned / not / my sister / yet / her room / has).

② 私はあんな大きな動物は一度も見たことがありません。

(never / such / animal / I / seen / big / a / have).

③ あなたは何回大阪に行ったことがありますか。

(many / you / to / times / Osaka / have / how / been)?

❸ 次の会話文の□□に適切な文を下から１つずつ選び，記号で答えなさい。 知　20点(各5点)

Tom:　Let's check our photos. Where's your camera, Yumi?

Yumi:　[　①　]　I left my camera in the restaurant.

Tom:　Really? I'll get it.

Ken:　[　②　]　The restaurant will soon be closed.

　　　　Tom returns:

Tom:　[　③　]

Yumi:　My camera! Thank you, Tom. Did you run to the restaurant?

Tom:　[　④　]

　㋐ Here you are.　　㋑ It's no big deal.　　㋒ Wait a minute!　　㋓ Hurry up.

❹ 次の会話文を読んで，あとの問いに答えなさい。 知 表　30点(各6点)

Hajin:　We have finally ①(arrive) in Miyajima.

Eri:　Look, there are some deer ②(　　)(　　).

Tina:　③They're not afraid of people at all.

　　　　　　　　＊　　　　　＊　　　　　＊

Kota:　④That's amazing. How did they build a wooden gate in the sea?

Tina:　The gate, the sea, the sky. and the mountains! They're in perfect harmony.

① ①の（　）内の語を適切な形にかえて書きなさい。

② 下線部②が「あそこに」という意味になるように，（　）に入る適切な語を書きなさい。

③ 下線部③を，Theyを具体的にして日本語にしなさい。

④ 下線部④の具体的な内容を日本語で書きなさい。

⑤ 次の問いに（　）内の語数の英語で答えなさい。

Where are Hajin and his friends now?　（4語）

❺ 次のような場合，英語で何と言えばよいか書きなさい。 表　　　20点（各10点）

① 相手に，もう宿題を終えてしまったかとたずねる場合。

② 自分がこれまでに2度，海外に行ったことがあると伝える場合。

❶	①			
	②			
	③			
❷	①			.
	②			.
	③			?
❸	①	②	③	④
❹	①	②		
	③			
	④			
	⑤			
❺	①			
	②			

Step 1 基本チェック : Unit 3 Lessons From Hiroshima ～ You Can Do It! 1

10分

■ 赤シートを使って答えよう!

❶ [現在完了形〈継続〉]

解答欄

□❶ 私は東京に３年間住んでいます。

I have [lived] in Tokyo [for] three years.

❶ ＿＿＿＿＿＿

□❷ トムはどのくらいここに滞在していますか。

How [long] [has] Tom stayed here?

❷ ＿＿＿＿＿＿

❷ [現在完了進行形]

□❶ I've been [practiced / practicing] the piano for one hour.

❶ ＿＿＿＿＿＿

□❷ Kyoko has [been / be] doing her homework since this morning.

❷ ＿＿＿＿＿＿

POINT

❶ [現在完了形〈継続〉]

①現在完了形〈have[has] ＋過去分詞〉は「（ずっと）～している」という継続の意味を表すこともある。状態が現在まで続いている場合に使う。これを継続用法という。

継続用法では，for「～の間」や since「～以来，～から（ずっと）」などの語がよく使われる。

・The dome has been like this for over 70 years. ［ドームは70年を超える間，（ずっと）こ
  be動詞の過去分詞┘   「～の間」：期間・時間 のままです。］

②〈How long have[has] ＋主語＋過去分詞 ...?〉は「どのくらい（の時間・期間）～しているか。」。

・How long have you been a volunteer? ［あなたはどのくらいの間ボランティアをしていますか。］

  — I've been a volunteer since 2000. ［私は2000年から（ずっと）ボランティアをしています。］

      「～から」：起点┘

❷ [現在完了進行形]

〈have[has] been ＋動詞の -ing 形〉は「（ずっと）～し（続け）ている」という意味を表す。この形を現在完了進行形という。過去から現在まで動作や行為が続いている場合に使う。

・I've been thinking about our trip to Hiroshima.

    動詞の -ing 形┘ ［私は私たちの広島への旅行について（ずっと）考え（続け）ています。］

現在完了形〈継続〉 （状態の継続）	I have lived here for 10 years. ［私はここに10年間（ずっと）住んでいます。］	よく使う表現	for「～の間」 since「～以来，～から」
現在完了進行形 （動作・行為の継続）	I have been talking with Ken for one hour. ［私はケンと１時間（ずっと）話し続けています。］		How long ～? 「どのくらい（の間）～。」

❸ [It is ～（for＋人）＋to＋動詞の原形 ....]

☐ ❶ [That / It] is easy for me to make cakes.

❶ _____

☐ ❷ It is difficult for [he / him] to do this work.

❷ _____

☐ ❸ It is hard for Ken [get / to get] up early.

❸ _____

❹ [いろいろな接続詞]

☐ ❶ おやつを食べる前に手を洗いなさい。

❶ _____

　　Wash your hands [before] you eat snacks.

☐ ❷ 私が家を出た後に，雨が降り始めました。

❷ _____

　　[After] I left home, it started to rain.

POINT ....

❸ [It is ～（for＋人）＋to＋動詞の原形 ....]

①〈It is ～（for＋人）＋to＋動詞の原形 ....〉は「（人が［にとって］）－することは～だ。」を表す。

②このItは〈to＋動詞の原形〉以下の内容を示す。Itは形式主語（＝仮の主語），〈to＋動詞の原形 ...〉が真主語（本来の主語）となる。

　　　　　　　　　　　for ～「～（人）にとって，～（人）が」　省略することもある

・ It's important for us to learn about the past.　[私たちにとって過去について学ぶことは
　　　　　　　　　　　　　　　　　　　　　　　　大切です。]

・ It's also important to think about creating a peaceful world.

　　　　　　　　　　　　　　　　　　　　[平和な世界を創造することについて考え
　　　　　　　　　　　　　　　　　　　　ることもまた大切です。]

❹ [いろいろな接続詞]

①after「～した後に［で・の］」，before「～する前に」，since「～して以来，～してから」など。
　前置詞の場合は後ろに（代）名詞や動名詞，接続詞の場合は後ろに〈主語＋動詞 ～〉がくる。

　・I watched TV after dinner.　　・I watched TV after I ate dinner.
　　　　　　　　前置詞　名詞　　　　　　　　　　　　接続詞　〈主語＋動詞 ～〉

　　[私は夕食の後にテレビを見ました。]　　　[私は夕食を食べた後にテレビを見ました。]

　・I did my homework before I took a bath.　[私は入浴する前に宿題をしました。]

　・I've lived here since I was two years old.　[私は2歳のときからここに住んでいます。]

　　※sinceの後にも語句だけでなく，文の形も続く。

②though「（～である）けれども，～にも関わらず」はbut「しかし」（接続詞）やhowever「しか
　しながら」（副詞）との使い方の違いに注意する。

　・Though I was tired, I helped my mother.　[私は疲れていたけれども，母を手伝いました。]

　　→I was tired, but I helped my mother.　[私は疲れていました。しかし，母を手伝いました。]

　　　I was tired. However, I helped my mother.

　　　　　　　　　　　　　　　[私は疲れていました。しかしながら，母を手伝いました。]

‖ **Unit 3 Lessons From Hiroshima ～ You Can Do It! 1** ⏱ 40分 (1ページ10分)

❶ 次の❶～❽は意味を日本語で書き，❾～⓴は英語にしなさい。

□❶ realize （　　　　　　） □❷ meal （　　　　　　）

□❸ create （　　　　　　） □❹ century （　　　　　　）

□❺ traffic （　　　　　　） □❻ necessary （　　　　　　）

□❼ without （　　　　　　） □❽ collect （　　　　　　）

□❾ 平和 ＿＿＿＿＿ □❿ 若い ＿＿＿＿＿

□⓫ 半分の ＿＿＿＿＿ □⓬ 1時間，60分 ＿＿＿＿＿

□⓭ 金，金銭 ＿＿＿＿＿ □⓮ 橋 ＿＿＿＿＿

□⓯ 火，炎 ＿＿＿＿＿ □⓰ ガラス ＿＿＿＿＿

□⓱ 終わる ＿＿＿＿＿ □⓲ 道路，道 ＿＿＿＿＿

□⓳ 飛行機 ＿＿＿＿＿ □⓴ 煙 ＿＿＿＿＿

❷ 次の各組の下線部の発音が同じなら〇を，異なるなら×を書きなさい。

□❶ { rem<u>i</u>nd / s<u>i</u>nce }　　□❷ { h<u>o</u>le / cr<u>o</u>ss }　　□❸ { pot<u>a</u>to / gr<u>a</u>de }

（　　　）　　　　　　（　　　）　　　　　　（　　　）

❸ 次の日本語に合う英文になるように，（　）内の語を適切な形にかえて＿＿に書きなさい。

□❶ 最近ますます寒くなっています。

It's getting ＿＿＿＿＿ these days. （cold）

□❷ 私たちはよりよい学校を建てたいです。

We want to build a ＿＿＿＿＿ school. （good）

□❸ 私はこの町で育ちました。

I was ＿＿＿＿＿ up in this town. （bring）

□❹ この写真は私の母によって撮られました。

This picture was ＿＿＿＿＿ by my mother. （take）

□❺ 私は彼と10年前からの知り合いです。

I have ＿＿＿＿＿ him for 10 years. （know）

□❻ 昨晩からずっと雨が降り続いています。

It has been ＿＿＿＿＿ since last night. （rain）

💡ヒント

❶

❼withと反対の意味を持つ前置詞。

⓬発音しない文字が含まれるので，注意してつづりを覚える。

⓱finish「～を終える，～し終える」とは別の語

❸

❶❷形容詞の変化。

❷

●不規則な比較変化
good / vey much
－ better － best

❸❹受け身の文。

❺現在完了形。

❻現在完了進行形。
rainは動詞。

💡ヒント

❹ 次の日本語に合う英文になるように，____に適切な語を下から
1 つずつ選んで書きなさい。

☐ ❶ 原子爆弾の犠牲者のことを思い浮かべてみてください。

Please think _____ victims of the atomic bomb.

☐ ❷ 私たちは平和に向かって努力しています。

We are working _____ peace.

☐ ❸ 彼はついに答えを見つけました。

He found the answer _____ last.

☐ ❹ 私がそこに着いたとき，会議は続いていました。

When I got there, the meeting was going _____.

☐ ❺ あなたはすぐに家に帰るべきです。

You should go home right _____.

☐ ❻ 私たちはびしょぬれになりました。We got wet _____.

| at | away | through | of | for | on |

❺ 次の日本語に合う英文になるように，____に適切な語を書きな
さい。

☐ ❶ この写真は私に母を思い出させます。

This picture _____ me _____ my mother.

☐ ❷ 彼は初めてそばを食べました。

He ate *soba* _____ the first _____.

☐ ❸ 私のメッセージを彼らに伝えてください。

Please _____ my message _____ to them.

☐ ❹ その島は年々ますます大きくなっています。

The island is getting larger year _____ _____.

☐ ❺ もし午後，晴れたら，外出しましょう。

Let's _____ _____ if it's sunny in the afternoon.

☐ ❻ 彼らに何が起こるでしょう。

What will _____ _____ them?

☐ ❼ 彼らを助けるために私たちに何ができるでしょうか。

What _____ we do _____ help them?

☐ ❽ 多くの動物が危険な状態にあります。

A lot of animals are _____ _____.

❹
❶「〜（のこと）を思い
浮かべる」または「〜
について考える」を
表す表現を考える。
❷「〜に向かって」は目
的・目標を表す。
❻ get wet で「ぬれる」。
「びしょぬれになる」
→「すっかりぬれて
しまう」「すっか
り」を表す語を考え
る。

❺
❶ ❌ ミスに注意
主語の this picture
は 3 人称単数。動詞
の形に注意。
❹「年々」→「年ごとに
（変化して）」という
意味を表す。
❽「危険，危険状態」と
いう意味の名詞を
使って表す。

❻ 次の対話文の＿＿に適切な語を書きなさい。

☐ **❶** *A:* Has your uncle studied science for many years?

B: Yes, he ＿＿＿＿＿＿＿. He's studied it ＿＿＿＿＿＿＿＿
10 years.

☐ **❷** *A:* How long have you stayed in this town?

B: I've ＿＿＿＿＿＿＿ here ＿＿＿＿＿＿＿ last month.

☐ **❸** *A:* How long has Kumi been cooking in the kitchen?

B: She ＿＿＿＿＿＿＿＿ ＿＿＿＿＿＿＿ cooking for three hours.

❼ 次の文を（　）内の指示にしたがって書き替えるとき，＿＿に適切な語を書きなさい。

☐ **❶** Tom came to Japan two years ago. He still lives in Japan.
（現在完了形を使って１つの文に）

Tom ＿＿＿＿＿＿＿ ＿＿＿＿＿＿＿ in Japan ＿＿＿＿＿＿＿
two years.

☐ **❷** I got busy last week. I'm still busy now.
（現在完了形を使って１つの文に）

I've ＿＿＿＿＿＿＿ ＿＿＿＿＿＿＿ ＿＿＿＿＿＿＿ last week.

☐ **❸** My father started to wash his car at noon. He is still washing it. （現在完了進行形を使って１つの文に）

My father ＿＿＿＿＿＿＿ ＿＿＿＿＿＿＿ ＿＿＿＿＿＿＿ his
car ＿＿＿＿＿＿＿ noon.

☐ **❹** Ken has been a soccer fan <u>for five years</u>.
（下線部をたずねる疑問文に）

＿＿＿＿＿＿＿ ＿＿＿＿＿＿＿ has Ken ＿＿＿＿＿＿＿ a
soccer fan?

☐ **❺** He can ride a horse easily. （ほぼ同じ内容の文に）

It's ＿＿＿＿＿＿＿ for ＿＿＿＿＿＿＿ ＿＿＿＿＿＿＿ ride a
horse.

点UP ☐ **❻** To watch basketball games is exciting for me.
（ほぼ同じ内容の文に）

It is ＿＿＿＿＿＿＿ for me ＿＿＿＿＿＿＿ ＿＿＿＿＿＿＿
basketball games.

ヒント

❻
❶❷ ✕ **ミスに注意**
現在完了形の継続用法の疑問文と応答。
❸ 継続時間をたずねる現在完了進行形の疑問文と応答。

❼
❶～❸

● for と since の区別
・〈for＋期間〉
for three years
「3年」：期間
・〈since＋起点〉
since 2020
「2020年」：起点

❺ easily「簡単に」
〈It is ～ for＋人＋to＋動詞の原形 ....〉の文の「～」には主に形容詞がくる。
❻ 不定詞が主語の文からの書き替え。

💡ヒント

❽ 次の英文を日本語にしなさい。

□ ❶ He is determined to work abroad.
（　　　　　　　　　　　　　　　　　　）

□ ❷ I have been swimming for half an hour.
（　　　　　　　　　　　　　　　　　　）

□ ❸ This building has been like this since I was five years old.
（　　　　　　　　　　　　　　　　　　）

❾ 次の日本語に合う英文になるように，（　）内の語（句）を並べ替えなさい。

□ ❶ 彼は長い間，日記をつけています。
(kept / for / he / a long time / a diary / has).
_____

□ ❷ 彼らは今朝からずっと走り続けています。
(running / have / this morning / since / been / they).
_____

□ ❸ あなたはどのくらいそこで本を読んでいますか。
(been / how / a book / have / reading / you / long) there?
_____
there?

□ ❹ ラグビーをすることは私にとって刺激的です。
(exciting / me / rugby / it / play / for / to / is).
_____.

❿ 次の日本語を英文にしなさい。

□ ❶ 私は先週からずっと疲れています。
_____

□ ❷ 私の弟は2時間ずっとテレビを見続けています。
_____

□ ❸ あなたはどのくらい教師をしていますか。
_____

□ ❹ 私たちが互いに助け合うことは大切です。（Itで始めて）
_____

❽
❶determinedは「意志の強い，堅く決心した」という意味の形容詞。
❸sinceに文の形が続いている。

❾
❶現在完了形の継続用法の文。
❷❸現在完了進行形の文。
❹与えられた語句の中のit, for, toに注目する。

❿
❶「疲れている」という状態の継続を表す。
❷「テレビを見る」という動作の継続を表す。
❸「教師をしている」→「教師でいる」

Unit 3 Lessons From Hiroshima ~ You Can Do It! 1

Step 3 予想テスト : **Unit 3 Lessons From Hiroshima ～ You Can Do It! 1**　⏱ 30分　/100点　目標80点

❶ 次の日本語に合う英文になるように，＿＿に入る適切な語を書きなさい。知 15点(各5点)

❶ この歌は私に友人たちを思い出させます。　This song ＿＿＿ me ＿＿＿ my friends.

❷ 彼はついに金メダルをとりました。　He got the gold medal ＿＿＿ ＿＿＿.

❸ 私はきのうは外出しませんでした。　I didn't ＿＿＿ ＿＿＿ yesterday.

❷ 次の日本語に合う英文になるように，（　）内の語(句)を並べ替えなさい。知 18点(各6点)

❶ 私は子供の頃から北海道を訪れたいと思っています。

(childhood / to / I've / Hokkaido / wanted / since / visit).

❷ 彼はどのくらいの間，友達と話していますか。

(he / long / talking / his friend / has / with / been / how)?

❸ あなたにとって多くの本を読むことが必要です。

(you / it / many books / necessary / read / for / to / is).

❸ 次の文の下線部が下の日本語に合うように，（　）に入る適切な語を書きなさい。知

20点(各5点)

①(　) the first (　), a bomb was dropped on the city of Hiroshima. ②It was just (　) I crossed Enko Bridge. "Grr, thump, thump!" ③(　) (　) frightening noise it made! Then, a thick cloud of smoke rose up. I went there ④(　) away and saw a fire burning intensely.

From the Diary of Kawamoto Itsuyoshi　河本聿美日記（1945 年 4 月 30 日）より
[原典] From the Diary of Kawamoto Itsuyoshi　広島テレビ放送 編著「いしぶみ」（株）ポプラ社刊より
[英文] From the Diary of Kawamoto Itsuyoshi　広島テレビ放送 編，クレアモント康子，
ローマン・ローゼンバウム訳　ISHIBUMI（株）ポプラ社刊より

① 初めて　　　　　　② それは私が猿猴橋を渡る直前でした。

③ それはなんとぞっとさせる音をたてたことでしょう。　④ すぐに

❹ 次の文は，Kota が広島でピースボランティアの女性(文中のshe)の話を聞いて書いたレポートの一部です。これを読んで，あとの問いに答えなさい。知 表　　27点

①Though she wasn't a victim of the atomic bomb, she learned about the victims. The survivors of the atomic bomb are getting older year by year. ②She thinks we should pass their words on to the next generation.

It's important for us to learn about the past. It's also important to think about creating a peaceful world. However, thinking about it is not enough. We must do something to change the world.

❶ 下線部①とほぼ同じ内容を表す文を次から選び，記号で答えなさい。 (7点)

　㋐ Because she was a victim of the atomic bomb, she learned about the victims.

　㋑ She wasn't a victim of the atomic bomb, so she learned about the victims.

　㋒ She wasn't a victim of the atomic bomb, but she learned about the victims.

❷ 次の文が下線部②の理由を表すように，（　）に入る適切な日本語を書きなさい。
原子爆弾から生き残った人々が（　　　　　　　　　　　　）から。 (8点)

❸ 次の文がKotaの考えに合っていれば〇を，合っていなければ×を書きなさい。 (各4点)

　ⓐ 私たちが過去について学ぶことは大切だ。

　ⓑ 平和な世界を創造することについて考えることはあまり大切ではない。

　ⓒ 考えるだけではなく，世界を変えるために何かをしなければならない。

❺ **次のような場合，英語で何と言えばよいか書きなさい。❷は（　）内の指示にしたがうこと。**表 20点(各10点)

❶ 相手に，どのくらいの間日本に住んでいるかとたずねる場合。

❷ 自分にとってギターをひくことは簡単だと伝える場合。(It で始めて)

❶	❶		❷	
	❸			
❷	❶			.
	❷			?
	❸			.
❸	①		②	
	③		④	
❹	❶	❷		
	❸　ⓐ	ⓑ	ⓒ	
❺	❶			
	❷			

Step 1 基本チェック : Unit 4 AI Technology and Language

5分

■ 赤シートを使って答えよう!

❶ [関係代名詞which（主語）]

解答欄

☐❶ I want a house ［ who / which ］ has many rooms.

❶ _____

☐❷ I read a book which ［ was / it was ］ written by a famous singer.

❷ _____

❷ [関係代名詞who（主語）]

☐❶ That girl ［ who / which ］ has long hair is my sister.

❶ _____

☐❷ I have an aunt who ［ she lives / lives ］ in New York.

❷ _____

❸ [関係代名詞that（主語）]

☐❶ I want a dog that ［ runs / run ］ very fast.

❶ _____

☐❷ I talked with a friend ［ that / which ］ loves music.

❷ _____

POINT

❶ [関係代名詞which（主語）]

〈名詞（もの）＋ which ＋動詞 …〉は「～する（もの）」という意味で〈which ＋動詞 …〉が前の名詞についての説明を加えている。whichは名詞（もの）に続く文の主語になっている。

whichは前の名詞を受け，この名詞に説明を加える（whichはこの文の主語）

・Smartphones which respond to voice commands are common these days.
名詞（もの）　〈which ＋（助）動詞 …〉　［声の指令に応答するスマートフォンは最近よく見られます。］

❷ [関係代名詞who（主語）]

〈名詞（人）＋ who ＋動詞 …〉は「～する（人）」という意味で〈who ＋動詞 …〉が前の名詞についての説明を加えている。whoは名詞（人）に続く文の主語になっている。

whoは前の名詞を受け，この名詞に説明を加える（whoはこの文の主語）

・I have an uncle who runs a Japanese restaurant.
名詞（人）　〈who ＋（助）動詞 …〉　［私には日本食レストランを経営するおじがいます。］

❸ [関係代名詞that（主語）]

〈名詞（もの・人）＋ that ＋動詞 …〉は「～する（もの・人）」という意味で〈that ＋動詞 …〉が前の名詞についての説明を加えている。thatは名詞に続く文の主語になっている。

thatは前の名詞を受け，この名詞に説明を加える（thatはこの文の主語）

・It's an experience that will broaden your world view.
名詞（もの・人）　〈that ＋（助）動詞 …〉　［それはあなたの世界観を広げる経験です。］

24

Step 2 予想問題 Unit 4 AI Technology and Language

30分
(1ページ10分)

❶ 次の❶〜❽は意味を日本語で書き，❾〜⓮は英語にしなさい。

□❶ technology （　　　） □❷ common （　　　）
□❸ quite （　　　） □❹ phrase （　　　）
□❺ anymore （　　　） □❻ raise （　　　）
□❼ suppose （　　　） □❽ remember （　　　）
□❾ 毎日の，日々の＿＿＿＿ □❿ 住所，宛先（あてさき）＿＿＿＿
□⓫ 機械(装置) ＿＿＿＿ □⓬ 外国の，外国人の＿＿＿＿
□⓭ 肌，皮 ＿＿＿＿ □⓮ 柔（やわ）らかい ＿＿＿＿

ヒント

❶
❸quiet「静かな，無口な，おとなしい」とつづりが似ているので注意。quiteは副詞。

❷ 次の語で最も強く発音する部分の記号を答えなさい。

□❶ ad-dress
　ア　イ （　　）
□❷ a-gree
　　ア　イ （　　）

❸ 次の文に関係代名詞のwhichかwhoを入れる場合，適切な位置の記号を〇で囲み，whichかwhoのどちらか適切な語を書きなさい。

□❶ This is ア a song イ is loved by many ウ people. ＿＿＿＿
□❷ I know ア a person イ comes ウ from Australia. ＿＿＿＿
□❸ The photos ア were taken イ by Tom ウ are nice. ＿＿＿＿
□❹ The boy ア is dancing there イ is ウ my brother. ＿＿＿＿

❸
●関係代名詞 〜が説明する前の名詞，
・which：名詞が「もの」
・who：名詞が「人」
・that：名詞が「もの・人」

❹ 次の文の＿＿に適切な語を，下から1つずつ選んで書きなさい。

□❶ I disagree ＿＿＿＿ you.
□❷ This doll responds ＿＿＿＿ my voice.
□❸ Music is a part ＿＿＿＿ his life.
□❹ Can we go to space easily ＿＿＿＿ the near future?
□❺ The device is useful ＿＿＿＿ translating languages.

| of | in | with | for | to |

❹
❶disagree「反対する，意見が合わない」
❹near future「近い将来」

ヒント

5 次の日本語に合う英文になるように，＿＿に適切な語を書きなさい。

☐ ❶ 私はいい考えを思いつきました。

I came ＿＿＿＿＿＿ ＿＿＿＿＿＿ a good idea.

☐ ❷ 私はユミに賛成します。

I ＿＿＿＿＿＿ ＿＿＿＿＿＿ Yumi.

☐ ❸ 私の妹は雨の日に外出することを嫌に思います。

My sister ＿＿＿＿＿＿ ＿＿＿＿＿＿ go out on rainy days.

☐ ❹ 私は機械に頼りたくありません。

I don't want to ＿＿＿＿＿＿ ＿＿＿＿＿＿ machines.

☐ ❺ その動画は人々を笑わせます。

The video ＿＿＿＿＿＿ people ＿＿＿＿＿＿.

6 次の日本語に合うように，下の2つの英文を，1つの文に書き替えなさい。（ ）内の関係代名詞を使うこと。

☐ ❶ 私はその話を書いた男性を知っています。

I know the man. He wrote the story. （who）

＿＿＿＿＿＿＿＿＿＿＿＿＿＿＿＿＿＿＿＿＿＿＿＿

☐ ❷ 私はフランスで作られているバッグが欲しいです。

I want a bag. It is made in France. （which）

＿＿＿＿＿＿＿＿＿＿＿＿＿＿＿＿＿＿＿＿＿＿＿＿

☐ ❸ 彼は去年建てられた家に住んでいます。

He lives in a house. It was built last year. （that）

＿＿＿＿＿＿＿＿＿＿＿＿＿＿＿＿＿＿＿＿＿＿＿＿

☐ ❹ ケンと話しているあの女の子は私の妹です。

That girl is my sister. She is talking with Ken. （who）

＿＿＿＿＿＿＿＿＿＿＿＿＿＿＿＿＿＿＿＿＿＿＿＿

☐ ❺ 英語で書かれている手紙は私宛のものです。

The letter is for me. It's written in English. （which）

＿＿＿＿＿＿＿＿＿＿＿＿＿＿＿＿＿＿＿＿＿＿＿＿

点UP ☐ ❻ 写真が多くのっているその本は役に立ちます。

The book is useful. It has many pictures. （that）

＿＿＿＿＿＿＿＿＿＿＿＿＿＿＿＿＿＿＿＿＿＿＿＿

5

❶「～を思いつく，見つける」という意味の語句。

❸ like to ～「～することが好きだ」と反対の意味を表す。

❺ makeを使って「（人）に～させる」を表す。

6

❶ the man = He

❷ a bag = It

❸ a house = It

❹ That girl = She

❺ The letter = It

❻ The book = It

● 関係代名詞を使って主語を説明する場合

・The boy who is running there is Ken.

（あそこで走っている少年はケンです。）

主語が長く，文の構造がわかりにくいので注意しよう。

---

⑦ 次の英文を日本語にしなさい。

☐ ❶ I have an aunt who runs a bookstore.
　（　　　　　　　　　　　　　　　　　　　　　　）

☐ ❷ I want a robot which teaches me English.
　（　　　　　　　　　　　　　　　　　　　　　　）

点UP ☐ ❸ The e-mail that arrived this morning was from my father.
　（　　　　　　　　　　　　　　　　　　　　　　）

☐ ❹ She might be in the library.
　（　　　　　　　　　　　　　　　　　　　　　　）

⑧ 次の日本語に合う英文になるように，（　）内の語(句)を並べ替えなさい。

☐ ❶ 私にはとてもおいしいクッキーを作ることができる友達がいます。
(who / I / make / cookies / a friend / delicious / can / have).
_____
_____

☐ ❷ 私の父は彼を助けるデバイスを使っています。
(him / uses / which / a device / helps / my father).
_____

点UP ☐ ❸ 日本で作られている車は人気があります。
(are / in Japan / cars / popular / made / are / that).
_____

⑨ 次の日本語を，（　）内の関係代名詞を使って英文にしなさい。

☐ ❶ 私は浴室を掃除するロボットが欲しいです。(which)
_____

☐ ❷ あなたはピアノを上手にひくことができる生徒を知っていますか。(who)
_____

☐ ❸ 彼は100年前に書かれた手紙を１通持っています。(that)
_____

☐ ❹ 公園で走っている少年と彼の犬を見なさい。(that)
_____

💡ヒント

⑦
❶ who は関係代名詞。run の意味に注意。
❷ which は関係代名詞。
❸ ⊗ ミスに注意
〈関係代名詞 (that) ＋動詞 〜〉のまとまりがどこまでかを考えよう。
❹ might は助動詞。

⑧
〈名詞＋関係代名詞＋動詞 〜〉の語順に注意。〈関係代名詞 (who, which, that) ＋動詞 〜〉が前の名詞に説明を加える形を作ろう。

⑨
❶ ⊗ ミスに注意
関係代名詞の後ろの一般動詞の形は，前の名詞に合わせる。前の名詞が３人称単数で，現在の文のときは -(e)s を付ける。
「浴室」= bathroom

Unit 4 AI Technology and Language

Step 3 予想テスト : **Unit 4 AI Technology and Language** ⏱30分 　／100点　目標 80点

---

❶ 次の日本語に合う英文になるように，＿＿に入る適切な語を書きなさい。知 15点（各5点）

❶ 私は最もよい答えを思いつきました。　I ＿＿＿＿ ＿＿＿＿ ＿＿＿＿ the best answer.

❷ あなたはなぜアニメを見ることを嫌に思うのですか。

Why do you ＿＿＿＿ ＿＿＿＿ watch anime?

❸ 彼は両親に頼っています。　　　　　　He ＿＿＿＿ ＿＿＿＿ his parents.

---

❷ 次の日本語に合う英文になるように，（　）内の語（句）を並べ替えなさい。知 15点（各5点）

❶ あなたはこの写真を撮った人を知っていますか。

(know / who / this photo / do / took / you / the person)?

❷ 私は病気の人々を助ける機械を作りたいです。

(to / sick people / want / help / machines / which / I / make).

❸ ギターをひいている女の子が私の娘です。

(that / is / playing / my daughter / the girl / the guitar / is).

---

❸ 次の会話文を読んで，あとの問いに答えなさい。知 20点（各5点）

Tom: I have some Japanese friends (①) are not good at speaking English. When I talk with them, I use a translation device. It's very useful.

Ken: ｜ ② ｜, Tom. Translation devices (③) help us talk with foreign people are convenient. If we use the devices, we don't have to learn foreign languages.

Emi: ｜ ④ ｜, Ken. I think learning foreign languages is necessary. I'd like to communicate by myself.

❶ ①，③の（　）に適切な語を次から１つずつ選び，記号で答えなさい。

㋐ which 　　　㋑ what 　　　㋒ who 　　　㋓ when

❷ ②，④の ｜　｜ に適切な文を次から１つずつ選び，記号で答えなさい。

㋐ I don't know 　　㋑ I agree with you 　　㋒ I don't mind 　　㋓ I disagree with you

---

❹ 次の文を読んで，あとの問いに答えなさい。 知 表 30点(各6点)

　　AI technology has ①(make) great progress lately. It has become a part of our daily ②(life). For example, the Internet search engines use AI technology. ③(which / to / smartphones / voice commands / respond) are common these days. Robots which automatically clean your house have become popular. These all use AI technology.

❶ ①，②の(　)内の語を適切な形にかえて書きなさい。

❷ 下線部③の(　)内の語(句)を正しく並べ替えなさい。

❸ 何をするロボットが人気がありますか。日本語で書きなさい。

❹ ＡＩの技術を使ったものの例として本文中に挙げられていないものを次から１つ選び，記号で答えなさい。
　　⑦ スマートフォン　　④ 自動車のナビゲーション　　⑦ インターネット検索エンジン

❺ 次の指示にしたがって，10語以上の英文を書きなさい。 表 20点(各10点)

❶ whichを使って，あなたが欲しいロボットについて説明しなさい。

❷ whoを使って，「私には～(すること)が上手な友人がいます。」と説明しなさい。

❶	❶				
	❷			❸	
❷	❶				?
	❷				.
	❸				.
❸	❶ ①	③	❷ ②	④	
❹	❶ ①		②		
	❷				
	❸				❹
❺	❶				
	❷				

Unit 4 AI Technology and Language

Step 1 | **基本チェック** | Let's Read 2 Robots Make Dreams Come True ~ Daily Life 3 5分

■ 赤シートを使って答えよう!

❶ [make＋人・もの＋動詞の原形]（復習）

解答欄

□❶ 私は弟に英語を勉強させました。

I made my brother [study] English.

❶ _____

□❷ コーチは私たちを30分間走らせました。

Our coach [made] us [run] for half an hour.

❷ _____

❷ [let＋人・もの＋動詞の原形]（復習）

□❶ Let me [sing / to sing] a song for you.

❶ _____

□❷ Let me [knowing / know] his name.

❷ _____

❸ [help＋人＋動詞の原形]（復習）

□❶ My father helped me [pack / packing] for my trip.

❶ _____

□❷ We helped [he / him] finish his work.

❷ _____

POINT ....

❶ [make＋人・もの＋動詞の原形]（復習）

〈make＋人・もの＋動詞の原形〉は「(人・もの)に[を]〜させる」(強制)という意味。

・My mother made me clean the kitchen.　[母は私に台所を掃除させました。]
└ 動詞の原形

※〈make＋人・もの＋形容詞〉「(人・もの)を〜にする」との違いに注意。

　The letter made me happy.　[その手紙は私を幸せにしました。]
└ 形容詞

❷ [let＋人・もの＋動詞の原形]（復習）

〈let＋人・もの＋動詞の原形〉は「(人・もの)に〜させる」(許可)という意味。

・Let me tell you about my family.　[私に私の家族について話させてください。]
└ 動詞の原形

※Let me know 〜.は「私に〜を知らせて[教えて]ください。」という意味になる。

　Let me know your plans.　[私にあなたの予定を教えてください。]

❸ [help＋人＋動詞の原形]（復習）

〈help＋人＋動詞の原形〉は「(人)が〜するのを手伝う」という意味。

・This robot helps people carry heavy things.
└ 動詞の原形　　　　[このロボットは人が重いものを運ぶのを手伝います。]

Step 2 予想問題 ● **Let's Read 2 Robots Make Dreams Come True ~ Daily Life 3** ⏱ 10分 (1ページ10分)

❶ 次の❶～❹は意味を日本語で書き，❺～❽は英語にしなさい。

 ヒント

❶ ❌ ミスに注意
❹名詞形はdanger。
❽

● 方角を表す語
北 north
西 west ─┼─ 東 east
南 south

☐❶ imagine （　　　　　）　☐❷ human （　　　　　）

☐❸ international（　　　　　）　☐❹ dangerous （　　　　　）

☐❺ 生放送の ＿＿＿＿＿　☐❻ 体 ＿＿＿＿＿

☐❼ ～を救う ＿＿＿＿＿　☐❽ 北，北方 ＿＿＿＿＿

❷ 次の各組の下線部の発音が同じなら○を，異なるなら×を書きなさい。

☐❶ { above / ocean } （　　）　☐❷ { suit / improve } （　　）　☐❸ { reach / health } （　　）

❸ 次の日本語に合う英文になるように，＿＿に適切な語を書きなさい。

❸ ❌ ミスに注意
「～と友達になる，～と親しくなる」は複数形のfriendsを使う。
❺makeを使う「(もの)を～させる」という表現にする。

☐❶ 彼はますます有名になりました。
He became more ＿＿＿＿＿ ＿＿＿＿＿ famous.

☐❷ 私は何度も何度もその本を読みました。
I read the book again ＿＿＿＿＿ ＿＿＿＿＿.

☐❸ 私はエミと友達になりました。
I ＿＿＿＿＿ ＿＿＿＿＿ with Emi.

☐❹ どうぞ遠慮なくこの部屋を使ってください。
Please feel ＿＿＿＿＿ ＿＿＿＿＿ use this room.

点UP ☐❺ このロボットがあなたの夢を実現させるでしょう。
This robot will ＿＿＿＿＿ your dream ＿＿＿＿＿ ＿＿＿＿＿.

❹ 次の日本語を（ ）内の指示にしたがって英文にしなさい。

❹
❶「(人)が～するのを手伝う」
❷「私に～を教えてください。」をknowを使って表す。
❸「(人)に～させる」

☐❶ 私は父が彼の車を洗うのを手伝いました。(helpを使って)
＿＿＿＿＿＿＿＿＿＿

☐❷ 私にあなたの住所を教えてください。(Letで始めて)
＿＿＿＿＿＿＿＿＿＿

☐❸ 母は私に郵便局へ行かせました。(makeを使って)
＿＿＿＿＿＿＿＿＿＿

Step 3 **予想テスト** : **Let's Read 2 Robots Make Dreams Come True ~ Daily Life 3**

⏱ **30分** /100点 **目標 80点**

❶ 次の日本語に合う英文になるように，＿＿に入る適切な語を書きなさい。知 15点(各5点)

① 私は彼らと友達になりたいです。　　I want to ＿＿＿ ＿＿＿ ＿＿＿ them.

② このチームの一員になれてうれしいです。　I'm glad to be ＿＿＿ ＿＿＿ this team.

③ 遠慮なく私にどんな質問でもしてください。　Feel ＿＿＿ ＿＿＿ ask me any questions.

❷ 次の日本語に合う英文になるように，（ ）内の語(句)を並べ替えなさい。知 10点(各5点)

① 彼はいろいろなアイデアを生み出しました。(variety / created / of / he / ideas / a).

② 彼は私がその箱を運ぶのを助けてくれました。(carry / he / the box / helped / me).

❸ 次の文の（ ）に適切な動詞をそれぞれ下から1つずつ選び，適切な形にかえて書きなさい。かえる必要がないものはそのまま書きなさい。知 20点(各5点)

　In the modern world, people are (①) by robots that have a variety of shapes, sizes, and roles. Scientists are continuing to invent more and more useful robots. Now, let's look at some examples. How do robots make people's dreams (②) true?

● Talking Robot ●

　This is a robot that (③) you learn English conversation. By (④) to it again and again, you can improve your English-speaking skills.

help	talk	support	come

❹ 次の文は，OriHimeというロボットを利用してカフェで働く永廣さん(Mr. Nagahiro)について書かれたものです。これを読んで，あとの問いに答えなさい。知 表　35点

　He didn't have any job before because he cannot move his body. Now OriHime lets him work at a cafe. Mr. Nagahiro controls the robot with small movements of his fingers. He watches a live video that is sent from the robot's eyes, and he talks through a microphone. ①This way, he can serve customers who come to the cafe.

　On the first day of his job at the cafe, it ②(start / difficult / Mr. Nagahiro / to / for / was) conversations with customers. He didn't have much experience at places like cafes. He wanted to improve his customer service skills, so he talked to another OriHime user. He asked her to give him some advice.

「ＮＨＫニュースおはよう 日本 けさのクローズアップ (2018年12月8日放送)」より

❶ 次の文が下線部①の内容を表すように，（　）に入る適切な日本語を書きなさい。　　（各7点）

ⓐ （　　　　　　　　　　　　　　）でロボットを思うように操る。

ⓑ （　　　　　　　　　　　　　　）を見て，マイクを通して話す。

❷ 下線部②の（　）内の語(句)を正しく並べ替えなさい。　　（6点）

❸ 次の文が本文の内容に合っていれば〇を，合っていなければ×を書きなさい。　　（各5点）

ⓐ 永廣さんは体を動かすことができないので，以前は全く仕事を持っていなかった。

ⓑ 永廣さんはカフェが好きなので，よく行っていた。

ⓒ 永廣さんは別のOriHimeの利用者にアドバイスを求めた。

❺ 次の問いにあなた自身の立場で，7語以上の英文で答えなさい。❶は（　）内の指示にしたがうこと。表

20点（各10点）

❶ What is your dream?　（My dream is to で始めて）

❷ What will you do to make your dream come true?

❶	❶				
	❷		❸		
❷	❶				.
	❷				.
❸	①	②	③	④	
❹	❶　ⓐ				
	ⓑ				
	❷				
	❸　ⓐ	ⓑ	ⓒ		
❺	❶				
	❷				

■ 赤シートを使って答えよう！

❶ [関係代名詞which（目的語）]

解答欄

☐ ❶ The photos [who / which] Tom took were beautiful.　❶ _____

☐ ❷ This is the letter which [she wrote / wrote] last year.　❷ _____

☐ ❸ The bag [you bought / bought] yesterday is nice.　❸ _____

❷ [関係代名詞that（目的語）]

☐ ❶ 私は彼が今，歌っている歌を知っています。

I know the song that [he] [is] singing now.　❶ _____

☐ ❷ これは私が好きな映画です。

This is a movie that [I] [like].　❷ _____

☐ ❸ 私たちが見た犬はかわいかったです。

The dog [we] [saw] was cute.　❸ _____

POINT
....

❶ [関係代名詞which（目的語）]

〈名詞（もの）＋which＋主語＋動詞 ─〉は「～が…する（もの）」という意味で〈which＋主語＋動詞 ─〉が前の名詞についての説明を加えている。whichは名詞（もの）に続く文の目的語になっている。目的語になる関係代名詞whichは省略することができる。

whichは前の名詞を受け，この名詞に説明を加える（whichはこの文の目的語）

・This is a graph (which) I found on a website.　［これは私がウェブサイトで見つけたグラフです。］
　名詞（もの）　　〈(which＋)主語＋動詞 ─〉

❷ [関係代名詞that（目的語）]

〈名詞（もの・人）＋that＋主語＋動詞 ─〉は「～が…する（もの・人）」という意味で〈that＋主語＋動詞 ─〉が前の名詞についての説明を加えている。thatは名詞（もの・人）に続く文の目的語になっている。目的語になる関係代名詞thatは省略することができる。

thatは前の名詞を受け，この名詞に説明を加える（thatはこの文の目的語）

・The movement (that) they started spread through social media.
　名詞（もの・人）　　〈(that＋)主語＋動詞〉

　　　　　　［彼女たちが始めた運動はソーシャル・メディアを通じて広まりました。］

❸ [関係代名詞のまとめ]

- ☐ ❶ The boy [which / who] is playing tennis is Ken.
- ☐ ❷ I want a room [which / who] has large windows.
- ☐ ❸ This is a book [that / who] my father gave me.
- ☐ ❹ She is an actor [which / that] everyone knows.

❶ _____

❷ _____

❸ _____

❹ _____

❹ [名詞＋主語＋動詞 ─]

- ☐ ❶ これは私たちがいつでも使えるコンピュータです。

    This is a computer [we] [can] use anytime.
- ☐ ❷ 私が訪れたい都市はニューヨークです。

    The city [I] [want] to visit is New York.

❶ _____

_____

❷ _____

POINT ....

❸ [関係代名詞のまとめ]

①〈名詞＋|which, who, that＋動詞 〜|〉（名詞に続く文の主語） |省略不可|

前の名詞が表すもの➡	人	もの
who	○	×
which	×	○
that	○	○

②〈名詞＋|which, that＋主語＋動詞 〜|〉（名詞に続く文の目的語） |省略可|

前の名詞が表すもの➡	人	もの
which	×	○
that	○	○

❹ [名詞＋主語＋動詞 ─]

①〈名詞（もの・人）＋主語＋動詞 ─〉は,「〜が…する（もの・人）」という意味で,〈主語＋動詞 ─〉が前の名詞についての説明を加えている。

前の名詞に説明を加える

・This is an article |I found|. ［これは私が見つけた記事です。］
名詞　　〈主語＋動詞〉

②説明される名詞が, 後ろに置かれた文の目的語になっている。

→This is an article. / I found |it|.
目的語

③この〈名詞＋主語＋動詞 ─〉の形は, 関係代名詞のwhich, that（名詞に続く文の目的語になるもの）が省略された形と同じになり, 表す意味も同じになる。

Step 2	予想問題	Unit 5 Plastic Waste ～ Daily Life 4	⏱ 40分 (1ページ10分)

❶ 次の❶～⓾は意味を日本語で書き，⓫～⓳は英語にしなさい。

☐❶ terrible （　　　　　）　　☐❷ lend （　　　　　）

☐❸ plastic （　　　　　）　　☐❹ waste （　　　　　）

☐❺ even （　　　　　）　　☐❻ instead （　　　　　）

☐❼ solve （　　　　　）　　☐❽ throw （　　　　　）

☐❾ gather （　　　　　）　　☐❿ breathe （　　　　　）

☐⓫ 汚い，汚れた＿＿＿＿＿＿　　☐⓬ ～を再利用する＿＿＿＿＿＿

☐⓭ 主要な ＿＿＿＿＿＿　　☐⓮ 紙 ＿＿＿＿＿＿

☐⓯ 明かり，照明＿＿＿＿＿＿　　☐⓰ 努力，労力 ＿＿＿＿＿＿

☐⓱ (新聞などの)記事＿＿＿＿＿＿　　☐⓲ 社会の ＿＿＿＿＿＿

❷ 次の語で最も強く発音する部分の記号を答えなさい。

☐❶ um-brel-la　　　　　　☐❷ en-vi-ron-ment
　　ア　イ　ウ　　　　　　　　　ア　イ　ウ　エ

　　　　　　　（　　　）　　　　　　　　　　　　（　　　）

❸ 次の日本語に合う英文になるように，＿＿に適切な語を下から1つずつ選んで書きなさい。

☐❶ それはどのように分解されますか。

　How does it ＿＿＿＿＿＿ down?

☐❷ 彼らのために行動しましょう。

　Let's ＿＿＿＿＿＿ action for them.

☐❸ 私はこのコンピュータを新しいものと取り替えたいです。

　I want to ＿＿＿＿＿＿ this computer with a new one.

☐❹ 私たちは世界を変えるために努力するべきです。

　We should ＿＿＿＿＿＿ an effort to change the world.

☐❺ 海岸のビニール袋を拾い上げてくれませんか。

　Can you ＿＿＿＿＿＿ up plastic bags on the beach?

☐❻ 私たちはこの問題を重点的に取り扱います。

　We will ＿＿＿＿＿＿ on this problem.

take	focus	pick	break	make	replace

💡ヒント

❶
❷ rent, borrowとの関係も覚えよう。

❷
❷ environmental（形容詞）とは最も強く発音する位置が異なる。

❸
❶ ❌ ミスに注意
日本語では「分解される」だが，受け身の形にはしない。
❷「行動」= action
❺「～を取る，取り除く」という意味の動詞を使う。

❹ 次の日本語に合う英文になるように，＿＿に適切な語を書きなさい。

☐ **❶** びんを通りに捨てないでください。
Don't ＿＿＿＿＿＿ bottles ＿＿＿＿＿＿ on the street.

☐ **❷** 彼らは私たちを見捨てました。
They gave ＿＿＿＿＿＿ ＿＿＿＿＿＿ us.

☐ **❸** 私は1足の靴を買いました。
I bought a ＿＿＿＿＿＿ ＿＿＿＿＿＿ shoes.

☐ **❹** 私はおととい図書館へ行きました。
I went to the library the day ＿＿＿＿＿＿ ＿＿＿＿＿＿.

☐ **❺** この歌はポピュラー音楽のようなものです。
This song is a ＿＿＿＿＿＿ ＿＿＿＿＿＿ pop music.

☐ **❻** 私は朝食だけでなく昼食も作りました。
I made lunch as ＿＿＿＿＿＿ ＿＿＿＿＿＿ breakfast.

☐ **❼** テレビを消してくれませんか。
Can you ＿＿＿＿＿＿ ＿＿＿＿＿＿ the TV?

☐ **❽** このジュースはいろいろな野菜と果物から作られています。
This juice is ＿＿＿＿＿＿ ＿＿＿＿＿＿ different vegetables and fruits.

☐ **❾** それでおわかりでしょうが，私たちは何かを始めるべきです。
So ＿＿＿＿＿＿ ＿＿＿＿＿＿, we should start something.

☐ **❿** 彼らの体は汚れた空気で傷つけられています。
Their bodies ＿＿＿＿＿＿ ＿＿＿＿＿＿ by dirty air.

❺ 次の日本語に合う英文になるように，（　）内の語(句)を文中に入れる場合，適切な位置の記号を○で囲みなさい。

☐ **❶** 私は彼が今，歌っている歌が好きです。
I like ア the song イ he ウ is singing now. （ which ）

☐ **❷** 私がレストランで見た男の人はトムのお父さんでした。
The man ア I saw イ at the restaurant ウ was Tom's father. （ that ）

☐ **❸** これは私が昨年描いた絵です。
This is ア a painting イ last year ウ. （ I painted ）

ヒント

❹
❷「〜に見切りをつける」という意味もある。
❸
2つから成るものの1組を表す表現。後ろにくる名詞は複数形にする。
sock(s)「靴下」
glove(s)「手袋」
などにも使うよ。

❹「きのうの前の日」のこと。
❽この「〜から作られている」は原料を示す表現。

❺
❶「彼が今，歌っている歌」を関係代名詞whichで表す。
❷「私がレストランで見た男の人」を関係代名詞thatで表す。
❸「私が昨年描いた絵」を〈名詞＋主語＋動詞 〜〉で表す。

❻ 次の日本語に合うように，（　）内の指示にしたがって下の２つの英文を，１つの文に書き替えなさい。

□**❶** これはケンが京都で撮った写真です。（whichを使って）

This is a photo. Ken took it in Kyoto.

_____

□**❷** 彼女が書いたその小説は有名です。（whichを使って）

The novel is famous. She wrote it.

_____

□**❸** これらはミキ（Miki）が作ったクッションです。（thatを使って）

These are the cushions. Miki made them.

_____

□**❹** 私が駅への道をたずねた男の人は親切でした。（thatを使って）

The man was kind. I asked him the way to the station.

_____

_____

□**❺** 私がきのう見た映画について話します。（関係代名詞を使わないで）

I'll talk about a movie. I saw it yesterday.

_____

□**❻** 私が図書館から借りた本は役に立ちました。（関係代名詞を使わないで）

The book was useful. I borrowed it from the library.

_____

_____

❻

２つ目の文の代名詞が最初の文の何を指すかに注目しよう。
This is a bag.
　　↓a bag＝it
I bought it today.
①itを関係代名詞にかえ，文頭に置く。
　which I bought today
②これを最初の文のa bagの直後に置く。
This is a bag which I bought today.
（これは私が今日買ったかばんです。）

❼ 次の英文を日本語にしなさい。

□**❶** We use much water in a single day.

（　　　　　　　　　　　　　　　　　　）

□**❷** What happens to plastic bags on the beach?

（　　　　　　　　　　　　　　　　　　）

□**❸** This graph shows the amount of waste per person.

（　　　　　　　　　　　　　　　　　　）

□**❹** Please look at a picture that I found on the website.

（　　　　　　　　　　　　　　　　　　）

点UP □**❺** The movement he started changed the world.

（　　　　　　　　　　　　　　　　　　）

❼
❶singleは「たった１つの」を表す。
❸per ～「～につき」
❹このthatは関係代名詞。
❺関係代名詞を使わずに名詞に説明を加える形。

❽ 次の日本語に合う英文になるように，（　）内の語(句)を並べ替えなさい。

□ **❶** 私には高校に通う姉がいます。

(high school / goes / a sister / have / to / who / I).

_____

□ **❷** これは家で働くロボットです。

(a robot / this / at home / which / works / is).

_____

□ **❸** ポチはミカに愛されている犬です。

(is / a dog / by / that / Pochi / loved / Mika / is).

_____

□ **❹** 東京は多くの人が訪れる都市です。

(is / which / visit / Tokyo / many people / a city).

_____

□ **❺** あなたが私にくれた帽子はかっこいいです。

(gave / me / cool / the cap / you / that / is).

_____

□ **❻** 赤ちゃんがするべき最も大切なことは眠ることです。

(do / most important / babies / sleeping / the / should / is / thing).

_____

_____

❾ 次の日本語を（　）内の指示にしたがって英文にしなさい。

□ **❶** 私にはエンジニアになりたいと思っている友達がいます。

(who, an engineerを使って)

_____

□ **❷** これらは私が先週撮った写真です。(which, picturesを使って)

_____

□ **❸** 彼らが話す言語はフランス語です。(that, the languageを使って)

_____

□ **❹** 私がきのう読んだ記事はおもしろかったです。

(the articleを使って，関係代名詞を使わないで)

_____

Step 3 **予想テスト** **Unit 5 Plastic Waste ～ Daily Life 4** ⏱ 30分 /100点 目標80点

❶ 次の日本語に合う英文になるように，＿＿＿に入る適切な語を書きなさい。知 18点（各6点）

① 私たちはこの問題を見捨てることはできません。

We can't ＿＿＿＿ ＿＿＿＿ ＿＿＿＿ this problem.

② その明かりを消すことを忘れないでください。

Don't forget ＿＿＿＿ ＿＿＿＿ ＿＿＿＿ the light.

③ 彼(かれ)は歌うことだけでなく踊(おど)ることも上手です。

He is good at dancing ＿＿＿＿ ＿＿＿＿ ＿＿＿＿ singing.

❷ 次の日本語に合う英文になるように，（　）内の語(句)を並べ替(か)えなさい。知 18点（各6点）

① これは私がウェブサイトで見つけた写真です。

(I / is / a website / this / found / that / on / a picture).

② 私たちが見た映画は退屈でした。 (saw / the movie / boring / was / we).

③ 私が家で使っているコンピュータは古いです。

(use / at my house / which / old / the computer / I / is).

❸ 次の会話文を読んで，あとの問いに答えなさい。知 20点（各5点）

Hajin: We should make ①(effort / reduce / to / an) plastic waste.

Eri: I agree. I always go shopping with a canvas bag.

Tina: I think we can ask stores to change their bags to (　②　) bags.

Kota: If we stop using (　③　) bags and containers, we'll use things ④(are / made / which / from) natural materials like cotton or wood.

① 下線部①，④の（　）内の語を正しく並べ替えなさい。

② ②，③の（　）に適切な語を次から１つずつ選び，記号で答えなさい。

㋐ paper　　㋑ pretty　　㋒ small　　㋓ plastic

❹ 次の文を読んで，あとの問いに答えなさい。知 表 34点

　In Bali, plastic bags were ①(throw) away by tourists and residents. They were ②(pollute) the beaches. So two young sisters started a movement to ban plastic bags from the island in 2013. ③The movement that they started spread through social media. Finally, the Governor of Bali decided to ban all plastic bags from 2019.

❶ ①，②の（ ）内の語を適切な形にかえて書きなさい。 （各5点）

❷ 下線部③を日本語にしなさい。 （7点）

❸ 2013年に2人の姉妹がバリ島で始めた運動の目的を日本語で書きなさい。 （7点）

❹ 次の文が本文の内容に合っていれば〇を，合っていなければ×を書きなさい。 （各5点）

　ⓐ バリ島では観光客が海岸を汚すので，住民たちは困っていた。

　ⓑ バリ島の知事は，すべてのビニール袋を2019年から禁止することを決めた。

❺ 環境（かんきょう）に優（やさ）しいこととして，あなたは何をしていますか。または，何をしたいと思っていますか。10語以上の英文で答えなさい。表 10点

❶	❶			
	❷			
	❸			
❷	❶			.
	❷			.
	❸			.
❸	❶	①		
		④		
	❷	②	③	
❹	❶	①	②	
	❷			
	❸			
	❹	ⓐ	ⓑ	
❺				

| Step 1 基本チェック | Unit 6 The Chorus Contest 〜 You Can Do It! 2 | 5分 |

赤シートを使って答えよう！

❶ [動詞の-ing形の後置修飾]　　　　　　　　　　　　　　**解答欄**

□ ① Look at the boy [to run / running] there.　　　**❶** _____

□ ② The man [talk / talking] with Yumi is our teacher.　　**❷** _____

❷ [過去分詞の後置修飾]

□ ① I got a letter [to write / written] in English.　　**❶** _____

□ ② The article [find / found] by Ken was interesting.　**❷** _____

❸ [間接疑問文]

□ ① She told me why [she is / is she] happy.　　　**❶** _____

□ ② Do you know where [does he / he] lives?　　**❷** _____

POINT ....

❶ [動詞の-ing形の後置修飾]

〈動詞の-ing形＋語句〉は「〜している」という意味で前の名詞を説明する。

・There are two people playing one piano.　[1台のピアノをひいている2人の人がいます。]
　　　　　　　名詞 ←──────┘〈動詞の-ing形＋語句〉が前の名詞を説明

❷ [過去分詞の後置修飾]

〈過去分詞＋語句〉は「〜された[されている]」という意味で前の名詞を説明する。

・They're wearing T-shirts designed by Tina.
　　　　　　　　　　名詞 ←──────┘〈過去分詞＋語句〉が前の名詞を説明

[彼らはティナによってデザインされたTシャツを着ています。]

❸ [間接疑問文]

疑問詞で始まる疑問文が別の文の一部になると，〈疑問詞＋主語＋動詞 〜〉の語順になる。

　　　　　　Why are you leaving?　　　　　　　　　　When are you leaving?

・Tell us why you're leaving.　　　　　　　・Do you know when you're leaving?
　　　　疑問詞　主語＋動詞　　　　　　　　　　　　　疑問詞　主語＋動詞

[あなたがなぜ去るのか私たちに話してください。]　[あなたは，あなたがいつ出発するのか知っていますか。]

　　　　　　Where does she live?　　　　　　　　　　What did he buy?

・I know where ____ she lives.　　　　　　・I don't know what ____ he bought.
　　　　疑問詞　　　主語＋動詞(-sが付く)　　　　　　　疑問詞　　主語＋動詞(過去形に)

[私は彼女がどこに住んでいるのか知っています。]　[私は彼が何を買ったのか知りません。]

Step 2 予想問題 : **Unit 6 The Chorus Contest ~ You Can Do It! 2**

30分
(1ページ10分)

❶ 次の❶～❻は意味を日本語で書き，❼～⓮は英語にしなさい。

☐❶ while （　　　　　）　☐❷ until （　　　　　）

☐❸ invite （　　　　　）　☐❹ design （　　　　　）

☐❺ describe （　　　　　）　☐❻ strange （　　　　　）

☐❼ 合唱，合唱部＿＿＿＿＿＿　☐❽ コンテスト ＿＿＿＿＿＿

☐❾ 困難 ＿＿＿＿＿＿　☐❿ 女性 ＿＿＿＿＿＿

☐⓫ 知らせ，新情報＿＿＿＿＿＿　☐⓬ サル ＿＿＿＿＿＿

☐⓭ 耳 ＿＿＿＿＿＿　☐⓮ Tシャツ ＿＿＿＿＿＿

ヒント

❶
❶時を表す接続詞。
❽「競争」という意味もある。
❾「困った状況」という意味もある。
❿対になる語はman「男性」。

❷ 次の各組の下線部の発音が同じなら○を，異なるなら×を書きなさい。

☐❶ { m<u>a</u>tter / t<u>a</u>le }　☐❷ { s<u>o</u>lo / fr<u>o</u>g }　☐❸ { h<u>ea</u>l / p<u>ie</u>ce }

（　　）　（　　）　（　　）

❸ 次の文の（　）に適切な語(句)を下から選び，記号を○で囲みなさい。

☐❶ The language （　　）in this country is English.
　㋐ speak　　㋑ speaking　　㋒ spoken

☐❷ Can you see the girl （　　）on the stage?
　㋐ sang　　㋑ singing　　㋒ to sing

☐❸ I know what （　　）.
　㋐ this is　　㋑ is this　　㋒ this

点UP ☐❹ Tell me why （　　）this musical.
　㋐ do you like　　㋑ like you　　㋒ you like

❸
❶（　）～ country が前の主語に説明を加えている。
❷（　）から後ろの語句が，前のthe girlに説明を加えている。
❸❹疑問詞で始まる疑問文が文の一部に組み込まれている。

❹ 次の英文を日本語にしなさい。

☐❶ We saw a castle built 400 years ago.
（　　　　　　　　　　　　　　　　　　）

☐❷ Who is the man standing beside the window?
（　　　　　　　　　　　　　　　　　　）

☐❸ Do you know where she is from?
（　　　　　　　　　　　　　　　　　　）

❹
❶built以下が前の名詞を説明。
❷standing以下が前の名詞を修飾。
❸where以下がknowの目的語になっている。

Unit 6 The Chorus Contest ~ You Can Do It! 2

ヒント

❺ 次の日本語に合う英文になるように，＿＿に適切な語を書きなさい。

□**❶** どうかしましたか。

What's ＿＿＿＿＿＿ ＿＿＿＿＿＿？

□**❷** 私は困ったことになっています。

I'm ＿＿＿＿＿＿ ＿＿＿＿＿＿.

□**❸** 彼は数日の間，東京に滞在しました。

He stayed in Tokyo for a ＿＿＿＿＿＿ ＿＿＿＿＿＿.

□**❹** 私に考えがあります。

I ＿＿＿＿＿＿ an ＿＿＿＿＿＿.

□**❺** ケーキを1切れ食べてもいいですか。

May I have a ＿＿＿＿＿＿ ＿＿＿＿＿＿ cake?

□**❻** あなたはいつこの町に引っ越しましたか。

When did you ＿＿＿＿＿＿ ＿＿＿＿＿＿ this town?

□**❼** 彼らは5月のはじめに京都を訪れるでしょう。

They will visit Kyoto at ＿＿＿＿＿＿ ＿＿＿＿＿＿ of May.

❺
❶相手がいつもと違う様子のときなどにたずねる表現。
❸「少数の〜」を表す表現。
❺
「切り分けたケーキの1切れ」というときに使う表現。paper「紙」の「1枚」chalk「チョーク」の「1本」を表すときも同じ表現を使うよ。

❻ 次の2つの文をほぼ同じ内容の1つの文に書き替えるとき，＿＿に適切な語を書きなさい。

□**❶** Can you see the girl? She is talking with John.

Can you see ＿＿＿＿＿＿ ＿＿＿＿＿＿ ＿＿＿＿＿＿ with John?

□**❷** These pictures are beautiful. They were taken by him.

These pictures ＿＿＿＿＿＿ ＿＿＿＿＿＿ him ＿＿＿＿＿＿ beautiful.

□**❸** Who is she? I want to know that.

I want to know ＿＿＿＿＿＿ ＿＿＿＿＿＿ ＿＿＿＿＿＿.

□**❹** What can we do? I don't know that.

I don't know what ＿＿＿＿＿＿ ＿＿＿＿＿＿ ＿＿＿＿＿＿.

□**❺** Where does he live? Do you know that?

Do you know ＿＿＿＿＿＿ ＿＿＿＿＿＿ ＿＿＿＿＿＿？

□**❻** Why did you go there? Please tell me that.

Please tell me ＿＿＿＿＿＿ ＿＿＿＿＿＿ ＿＿＿＿＿＿ there.

❻
❶❷解答欄の数から，関係代名詞を使わない形を考えよう。
❸〜❻疑問詞の後ろの語順と動詞の形に注意しよう。
❺❻ ミスに注意
❺のheは3人称単数，❻のWhy did you〜?は過去の文。

ヒント

❼ 次の日本語に合う英文になるように，（　）内の語(句)を並べ替えなさい。

☐ **①** ステージで踊っている女の子たちは私の友達です。

(are / dancing / my friends / the girls / the stage / on).

_____

_____.

☐ **②** 彼はケンによって書かれた手紙を読んでいます。

(reading / Ken / a letter / he / written / is / by).

_____.

☐ **③** あなたが何を作っているのか私に話してください。

(what / making / you / tell / are / me).

_____.

☐ **④** 私はその電車がいつ到着するのか知っています。

(the train / I / know / arrive / when / will).

_____.

☐ **⑤** あなたは彼がどこでそのペンを手に入れたのか知っていますか。

(know / he / the pen / you / got / where / do)?

_____?

❽ 次の日本語を英文にしなさい。**①**〜**③**は（　）内の指示にしたがうこと。

☐ **①** ピアノをひいている先生は誰ですか。(関係代名詞を使わないで)

_____

☐ **②** 京都は多くの人々によって訪れられる都市です。
(関係代名詞を使わないで)

_____

☐ **③** 私は私たちが何をするべきか知りたいです。(shouldを使って)

_____

☐ **④** あなたの誕生日はいつか私に話してください。

Tell me _____.

☐ **⑤** あなたは誰がプールで泳いでいるか知っていますか。

_____

☐ **⑥** 私は，今ここで何が起きているのかわかりません。

_____

❼
①「女の子たち」に説明を加える部分の形に注意。

② **✕ミスに注意**
現在進行形の文なのでis readingとなる。「手紙」にwrittenを使って説明を加える。

③〜**⑤**疑問詞の後ろの語順に注意しよう。

❽
①「ひいている」に注意。
②「訪れられる」に注意。
③「私は〜を知りたいです。」という文の〜に疑問文が組み込まれている。
④「〜を私に教えてください。」という文の〜に疑問文が組み込まれている。
⑤⑥疑問詞が主語の疑問文が文中に組み込まれても，語順は変わらない。

Step 3 予想テスト ⋮ Unit 6 The Chorus Contest ～ You Can Do It! 2

⏱ 30分　/100点　目標80点

❶ 次の日本語に合う英文になるように，＿＿＿に入る適切な語を書きなさい。🈡 10点(各5点)

① 私はケーキを1切れ食べました。 I ate a ＿＿＿＿ ＿＿＿＿ cake.

② 私はよく昼食後に昼寝をします。 I often ＿＿＿＿ a ＿＿＿＿ after lunch.

❷ 次の日本語に合う英文になるように，(　)内の語(句)を並べ替えなさい。🈡 15点(各5点)

① 彼は日本で作られた自動車を買いました。(bought / Japan / a car / made / he / in).

② ドラムを演奏している男の子は誰ですか。(the drums / who / playing / the boy / is)?

③ あなたは彼女が何を読んでいるのか知っていますか。

(you / what / do / is / reading / know / she)?

❸ 次の会話文を読んで，あとの問いに答えなさい。🈡 24点(各4点)

Kota: ┌─①─┐ Are you ②(㋐ in ㋑ of ㋒ for) trouble?

Eri: I twisted my wrist ③(㋐ if ㋑ while ㋒ which) I was playing basketball. I don't think I can play the piano at the chorus contest.

Tina: What should we do? We have only a ④(㋐ many ㋑ lot ㋒ few) days until the contest.

Kota: ┌─⑤─┐ Look at this video. There are two people ⑥(㋐ play ㋑ played ㋒ playing) one piano. We could try that.

① ①，⑤の☐に適切な文を次から1つずつ選び，記号で答えなさい。

㋐ You have to play basketball.　　㋑ I have an idea.

㋒ I've never heard of that.　　㋓ What's the matter?

② ②～④，⑥の(　)内から適切な語を選び，記号で答えなさい，

❹ 次の会話文を読んで，あとの問いに答えなさい。🈡 🈥 31点

Eri: You look strange, Tina. Aren't you happy?

Tina: I am, but I also have ①bad news. I have to leave Japan.

Kota: What? ②(leaving / us / you're / tell / why).

Tina: My family is moving (　③　) London because of my father's job.

Hajin: Do you know when you're leaving?

Tina: At the beginning of March.

① 次の文が下線部①の内容を表すように，（　）に入る適切な日本語を書きなさい。　**(7点)**

Tinaが（　　　　　　　　　　　）こと

② 下線部②の（　）内の語を正しく並べ替えなさい。　**(7点)**

③ ③の（　）に入る適切な語を書きなさい。　**(5点)**

④ 次の問いに（　）内の語数の英語で答えなさい。　**(各6点)**

　ⓐ Does Tina look happy?　（3語）

　ⓑ When is Tina leaving?　（5語）

❺ **次のような場合，英語で何と言えばよいか書きなさい。（　）内の指示にしたがうこと。** 表

20点 (各10点)

① 公園で走っている少女は自分の妹だと伝える場合。（The girlで始めて，関係代名詞を使わない）

② 相手がどこに住んでいるか話すように頼^{たの}む場合。（Tell meで始めて）

❶	①		②	
❷	①			.
	②			?
	③			?
❸	① ①	⑤		
	② ②	③	④	⑥
❹	①			
	②		. ③	
	④ ⓐ			
	ⓑ			
❺	①			
	②			

Step 1 | **基本チェック** | **Unit 7 Tina's Speech ～ World Tour 2** | ⏱ 5分

■ 赤シートを使って答えよう！

❶［疑問詞＋to＋動詞の原形］

解答欄

□❶ 私は何を買えばいいかわかりません。

I don't know what [to] buy.

❶ _____

□❷ あなたはこの機械の使い方を知っていますか。

Do you know [how] to use this machine?

❷ _____

❷［If＋主語＋(助)動詞の過去形 ～.］（仮定法）

□❶ もし空を飛ぶことができたら，あなたに会いに行くのに。

If I [could] fly in the sky, I would go to see you.

❶ _____

□❷ もしもっと時間があれば，テストの勉強ができるのに。

If I [had] more time, I could study for tests.

❷ _____

□❸ もし私が上手な歌手だったら，あの舞台の上にいるのに。

If I [were] a good singer, I would be on that stage.

❸ _____

POINT

❶［疑問詞＋to＋動詞の原形］

①〈what to＋動詞の原形〉は「何を[が]〜する(べき)か，何を〜すればいいか」を表す。

・I didn't know what to expect when I got there. ［私はそこへ行ったときに，何を予期すれ
〈what to＋動詞の原形〉 ばいいかわかりませんでした。］

②〈how to＋動詞の原形〉は「〜のし方，〜する方法，どう〜する(べき)か」を表す。

・I thought I should learn how to use chopsticks. ［私ははしの使い方を学んだ方がよいと
〈how to＋動詞の原形 ～〉 思いました。］

❷［If＋主語＋(助)動詞の過去形 ～.］（仮定法）：現実とは違う仮定の話をする。

①〈If＋主語＋(助)動詞の過去形 ～, 主語＋would[could]＋動詞の原形 ....〉で「もし(今)〜だっ
たら，…だろうに。」を表す。

・If I could speak to that worried girl, I would say, "There's no need to worry."
助動詞の過去形 〈would＋動詞の原形〉

［もし(今)私があの心配している女の子に話すことができたら，「何も心配する必要はありません」と言うのに。］

・If I had a time machine, I could see my future. ［もし私がタイムマシーンを持っていたら，
動詞の過去形 〈could＋動詞の原形〉 自分の将来を見ることができるのに。］

②Ifに続く文のbe動詞は，主語が何であっても基本的にwereを使う。

・If I were a dolphin, I could swim fast. ［もし私がイルカだったら，速く泳ぐことができるのに。］
└─基本的にはwere（主語がIや3人称単数のときはwasを使うこともある）

Step 2 予想問題 ● **Unit 7 Tina's Speech ～ World Tour 2**

30分
(1ページ10分)

❶ 次の❶～❻は単語の意味を書き❼～⓬は英語になおしなさい。

□❶ adventure （　　　　） □❷ gender （　　　　）
□❸ anxiety （　　　　） □❹ prime minister（　　　　）
□❺ college （　　　　） □❻ education （　　　　）
□❼ 突然，急に ＿＿＿＿＿ □❽ ～を予期する＿＿＿＿＿
□❾ アメリカ ＿＿＿＿＿ □❿ アジア ＿＿＿＿＿
□⓫ ヨーロッパ ＿＿＿＿＿ □⓬ 思い出 ＿＿＿＿＿

ヒント

❶
❺universityとほぼ同意の語。
❿⓫発音に注意。

❷ 次の語で最も強く発音する部分の記号を答えなさい。

□❶ eve-ry-where
　　ア　イ　ウ
　　　　　　（　　）

□❷ ge-og-ra-phy
　　ア　イ　ウ　エ
　　　　　　　　（　　）

❷
❶every-の語は強く発音する部分が共通。

❸ 次の文の（　）に適切な語（句）を下から選び，記号を〇で囲みなさい。

□❶ I know （　　） do next.
　㋐ what　　　㋑ what is　　　㋒ what to

□❷ I want to know how （　　） this cake.
　㋐ to making　　㋑ to make　　㋒ make is

□❸ If I （　　） go to space, I would see the blue earth.
　㋐ can　　　㋑ could　　　㋒ cannot

□❹ If I （　　） you, I would work here.
　㋐ were　　　㋑ am　　　㋒ are

❸
❶❷疑問詞の後ろの形に注意。
❸❹ **ミスに注意**
If ～，....の後半に〈would[could]＋動詞の原形〉があり，現実とは違う仮定を表していると考える。

❹ 次の文の＿＿に適切な語を，下から１つずつ選んで書きなさい。

□❶ I was full ＿＿＿＿＿ joy at that time.
□❷ Mari filled her room ＿＿＿＿＿ flowers.
□❸ My sister will graduate ＿＿＿＿＿ high school next month.
□❹ We have access ＿＿＿＿＿ clean water anytime.

from	to	with	of

❹
❶❷似たような意味を表すが，前置詞を間違えないように。
❹accessは名詞で「（利用などの）権利，機会」という意味。

❺ 次の日本語に合う英文になるように，＿＿に適切な語を書きなさい。

☐**①** 私は明日スピーチをします。

I'll ＿＿＿＿＿ a ＿＿＿＿＿ tomorrow.

☐**②** 彼女は数学のテストの後で落ち込みました。

She ＿＿＿＿＿ ＿＿＿＿＿ after the math test.

☐**③** はや1年がたち，私はここ日本にいます。

＿＿＿＿＿ ＿＿＿＿＿ one year, and I'm here in Japan.

☐**④** どうやって火を起こすのですか。

How do we ＿＿＿＿＿ a ＿＿＿＿＿?

☐**⑤** 彼は厳しい父親ですが，実は彼らを愛しているのです。

He's a strict father, but the ＿＿＿＿＿ ＿＿＿＿＿ that he loves them.

☐**⑥** 私はネットサーフィンをして，そのことを知りました。

I surfed the Internet, and I ＿＿＿＿＿ that ＿＿＿＿＿.

☐**⑦** 私の成功はすべてあなたのおかげでできたことです。

My success was all possible ＿＿＿＿＿ ＿＿＿＿＿ you.

☐**⑧** この世界には栄養不足の人々がいますが，一方でさらに多くの人々が太りすぎです。

In this world, some people are undernourished, ＿＿＿＿＿ more people are overweight.

☐**⑨** 地球上には75億人より多くの人々が暮らしています。

More ＿＿＿＿＿ 7.5 ＿＿＿＿＿ people live on earth.

❺
❷❻過去の文なので，動詞は過去形。
❸「前に進んで」という意味の語を使う。
❺thatは接続詞。「(that以下のこと)が真実です」という文。
❼「〜のおかげで」と感謝を表す。
❽すでに学習している接続詞だが，ここでは「だが一方(で)」という対比の意味で使われている。
❾million「100万(の)」の上の単位の語。

❻ 次の文をほぼ同じ内容の文に書き替えるとき，＿＿に適切な語を書きなさい。

☐**①** Do you know what I should bring to the party?

Do you know ＿＿＿＿＿ ＿＿＿＿＿ bring to the party?

☐**②** I don't know how I can get to the art museum.

I don't know ＿＿＿＿＿ ＿＿＿＿＿ get to the art museum.

☐**③** I don't have enough money, so I can't buy this nice bag.

＿＿＿＿＿ I ＿＿＿＿＿ enough money, I could buy this nice bag.

7 次の英文を日本語にしなさい。

☐ **①** I don't really like milk.
(　　　　　　　　　　　　　　　　　　　　　　　)

☐ **②** I want to learn how to wear a kimono.
(　　　　　　　　　　　　　　　　　　　　　　　)

☐ **③** I didn't know what to say to him.
(　　　　　　　　　　　　　　　　　　　　　　　)

☐ **④** If I lived with my grandmother, I could help her.
(　　　　　　　　　　　　　　　　　　　　　　　)

8 次の日本語に合う英文になるように，（　）内の語(句)や符号を並べ替えなさい。

☐ **①** 私たちは時間を節約する方法を学びました。
(learned / time / to / save / we / how).
_____.

☐ **②** もしトムがこの近くに住んでいたら，私は彼を訪ねるのに。
(I / Tom / visit / if / near here / would / lived / ,) him.
_____
him.

☐ **③** もし私があなただったら，そんなことはしないのに。
(I / you / if / do / I / were / wouldn't / ,) such a thing.
_____ such a thing.

9 次の日本語を（　）内の指示にしたがって英文にしなさい。

☐ **①** あなたはこのコンピュータの使い方を知っていますか。
（how toを使って）
_____

☐ **②** 私の祖父母は京都で何を見るべきか知っています。
（what toを使って）
_____

☐ **③** もし私が鳥だったら，そこへ飛んでいくことができるのに。
（Ifで始める仮定法の文で）
_____

ヒント

7
① really が not の後にある。
②③ how to ～, what to ～の訳し方に注意。
④ 現実とは違う仮定を表す日本語に。

8
①「～する方法」をhow to ～で表す。
②③ 仮定法の文

●現実と違うことを仮定する文の形
①「もし(今)～だったら，」→ If + 主語 + 過去形 …,
②「～だろうに。」→ 主語 + would[could] + 動詞の原形 ….

9
①② how to, what to の後は動詞の原形。
③ 仮定法の文。主語がIのときのbe動詞に注意。

Step 3 予想テスト : Unit 7 Tina's Speech ～ World Tour 2

 30分 ／100点 目標 80点

---

❶ 次の日本語に合う英文になるように，＿＿に入る適切な語を書きなさい。 知 15点（各5点）

❶ 日本の文化は彼らのものと違います。 Japanese culture is ＿＿＿ ＿＿＿ theirs.

❷ 世界を変えるために私たちは何をすべきですか。

What should we do in ＿＿＿ ＿＿＿ change the world?

❸ 母は私が間違っていることを私に教えてくれました。

My mother ＿＿＿ ＿＿＿ know that I was wrong.

---

❷ 次の日本語に合う英文になるように，（　）内の語（句）や符号を並べ替えなさい。 知

15点（各5点）

❶ 私は折りづるの折り方を思い出すことができません。

(fold / to / I / remember / a paper crane / can't / how).

❷ もしあなたが大きな船を持っていたら，何をしますか。

(a big ship / what / had / would / if / do / you / you / ,)?

❸ もし私の目が青かったら，私はどのように見えるでしょう。

If I had blue eyes, (look / I / what / like / would)?

---

❸ 次の対話文の（　）内から適切な語（句）を選び，記号で答えなさい。 知　　　20点（各5点）

❶ *A:* My family ①(⑦ moved　④ is moving) to Japan next month.

B: Really? Do you know ②(⑦ how to　④ what to) use chopsticks?

A: No, I don't. I think I should learn that.

❷ *A:* If you ①(⑦ can speak　④ could speak) to yourself of yesterday, what would you say?

B: Well, I ②(⑦ would say　④ said), "Don't give up easily."

---

❹ 次のTinaのスピーチを読んで，あとの問いに答えなさい。 知 表　　　30点

　　We feel happy when we're with friends and family. We feel (　①　) when we're lonely. It's important to respect each other and try to understand each other. I learned ②this from my experiences in Japan. If I could speak to ③that worried girl of three years ago, I would say, "④(need / no / worry / there's / to). You're going to have a wonderful adventure in Japan!"

---

❶ ①の（　）に適切な語を次から選び，記号で答えなさい。　　　　　　　　　　　（7点）

　　㋐ angry　　　　　　㋑ sad　　　　　　㋒ tired

❷ 次の文が下線部②の内容を表すように，（　）に入る適切な日本語を書きなさい。　（8点）

　　お互いを（　　　　　　　　　　　　　）ということ

❸ 下線部③の内容として最も適切なものを次から選び，記号で答えなさい。　　　　（7点）

　　㋐ Tina　　　　　㋑ Tina's friends　　　　㋒ Tina's family

❹ 下線部④の（　）内の語を正しく並べ替えなさい。　　　　　　　　　　　　　　（8点）

❺ あなたの中学校でのいちばんの思い出について3文の英文で書きなさい。1文目の最初をMy best memory isで始めて，印象に残ったことや，感じたことなどを書きなさい。表

　　　　　　　　　　　　　　　　　　　　　　　　　　　　　　　　　　　　　　20点

❶	❶		❷	
	❸			
❷	❶			.
	❷			?
	❸	If I had blue eyes,		?
❸	❶　①	②	❷　①	②
❹	❶			
	❷			
	❸			
	❹			.
❺				

Step 1 **基本チェック** : **Let's Read 3 Changing the World**

5分

■ 赤シートを使って答えよう！

❶ [teach[tell] ＋人＋不定詞／how to 〜]（復習）

解答欄

☐ ❶ He told his son [not to / to not] eat too much.

❶ _____

☐ ❷ She taught me [how swim / how to swim] well.

❷ _____

❷ [後置修飾]（復習）

☐ ❶ 教室を掃除している女の子はクミです。

❶ _____

The girl [cleaning] the classroom is Kumi.

☐ ❷ これは私が京都で撮った写真です。

❷ _____

This is a photo [I] [took] in Kyoto.

POINT

❶ [teach[tell] ＋人＋不定詞／how to 〜]（復習）

①〈teach[tell] ＋人＋ to ＋動詞の原形〉は「(人)に〜するように教える[言う]」。

※〈teach[tell] ＋人＋ not to ＋動詞の原形〉は「(人)に〜しないように教える[言う]」。

My mother told me not to go out alone. ［私の母は私に一人で外出しないように言いました。］
　　　　　　　　 人 〈not to ＋動詞の原形 …〉

②〈teach[tell] ＋人＋ how to ＋動詞の原形〉は「(人)に〜のし方を教える[言う]」。

・I often teach Tom how to read _kanji_. ［私はよくトムに漢字の読み方を教えます。］
　　　　　　　　　 人 〈how to ＋動詞の原形 …〉

❷ [後置修飾]（復習）

①不定詞〈形容詞的用法〉：「〜す(る)べき」「〜する(ための)」

・I want something to drink. ［私は何か飲む[ための]ものが欲しいです。］
　　　　(代)名詞 〈to ＋動詞の原形〉

②動詞の -ing形：「〜している」／過去分詞：「〜された[されている]」

・This book written in English isn't mine. ［英語で書かれたこの本は私のものではありません。］
　名詞 〈過去分詞＋語句〉

③関係代名詞／〈主語＋動詞〉

・I have an aunt who speaks Chinese well. ［私には中国語を上手に話すおばがいます。］
　　　名詞(人) 〈関係代名詞＋動詞 〜〉

・This is a notebook I bought yesterday. ［これは私がきのう買ったノートです。］
　　　　　名詞 〈主語＋動詞 〜〉

Step 2 予想問題 : Let's Read 3 Changing the World

10分
(1ページ10分)

❶ 次の❶〜❻は意味を日本語で書き，❼〜❿は英語にしなさい。

💡ヒント

□❶ somebody （　　　　　） □❷ government （　　　　　）

□❸ toward （　　　　　） □❹ wealth （　　　　　）

□❺ reporter （　　　　　） □❻ northern （　　　　　）

□❼ 永久に ＿＿＿＿＿ □❽ 死んでいる ＿＿＿＿＿

□❾ 目標，目的 ＿＿＿＿＿ □❿ 争う，戦う ＿＿＿＿＿

❶
❸前置詞。
❻対になる語はsouthern。
❽動詞die「死ぬ」の形容詞の形。

❷ 次の語で最も強く発音する部分の記号を答えなさい。

□❶ crea-ture
　　 ア　イ
　　　　　　　　（　　　）

□❷ be-have
　　 ア　イ
　　　　　　　　（　　　）

❸ 次の日本語に合う英文になるように，＿＿に適切な語を書きなさい。

□❶ 私は馬に乗るのが怖いです。

I am ＿＿＿＿＿ ＿＿＿＿＿ ride a horse.

□❷ 彼はまるでよい考えがあるかのように話します。

He talks ＿＿＿＿＿ ＿＿＿＿＿ he has a good idea.

□❸ 私たちはどうしたら動物たちを森に戻すことができますか。

How can we ＿＿＿＿＿ animals ＿＿＿＿＿ to the forest?

□❹ 彼らはあなたのために働くのをいといません。

They are ＿＿＿＿＿ ＿＿＿＿＿ work for you.

□❺ 私はその問題を解決したいです。

I want to ＿＿＿＿＿ the problem ＿＿＿＿＿.

❸
❶ ⊗ ミスに注意
解答欄の後に動詞のrideがあることに注意する。
❹「自発的な」という意味の語を使う。

❹ 次の英文を日本語にしなさい。

□❶ I'll do the best I can.

（　　　　　　　　　　　　　　　　　）

□❷ She didn't go there, and neither did I.

（　　　　　　　　　　　　　　　　　）

□❸ Our teacher taught us not to hurt living things.

（　　　　　　　　　　　　　　　　　）

❹
❸
●不定詞の否定形〈to＋動詞の原形〉を否定形にするときは〈not to＋動詞の原形〉にする。

点UP

Let's Read 3 Changing the World

Step 3 予想テスト : **Let's Read 3 Changing the World** ⏱ 30分 ／100点 目標80点

❶ 次の日本語に合う英文になるように, ＿＿に入る適切な語を書きなさい。知 12点(各6点)

❶ 私の弟は海で泳ぐことを怖（こわ）がります。

My brother is ＿＿＿ ＿＿＿ swim in the sea.

❷ 彼女（かのじょ）はまるで病気のように見えます。

She looks ＿＿＿ ＿＿＿ she is sick.

❷ 次の日本語に合う英文になるように, ( )内の語(句)を並べ替（か）えなさい。知 14点(各7点)

❶ 私の母は私にテレビを見ないように言いました。

(me / to / my mother / TV / told / watch / not).

❷ 私たちは世界中で死に絶えようとしている動物について学びました。

(about / we / dying / learned / across / animals) the world.

❸ 次のスピーチ(一部)の( )に適切な語を下から1つずつ選び, 記号で答えなさい。ただし, 同じ語を2度使わないこと。知 20点(各5点)

　　At school, even in kindergarten, you teach us how to (①) in the world. You teach us:

　　　not to (②) with others
　　　to (③) things out
　　　to respect others
　　　to clean up our mess
　　　not to (④) other creatures
　　　to share, not be greedy

セヴァン・カリス＝スズキ著　ナマケモノ倶楽部編・訳「あなたが世界を変える日」より

　㋐ behave　　㋑ work　　㋒ hurt　　㋓ fight

❹ 次のセヴァンさんのスピーチを読んで, あとの問いに答えなさい。知 表 34点

　　Two days ago here in Brazil, we were shocked when we spent time with some children ①(live) on the streets.　One child told us:

　　"I wish I was rich.　And ②if I were, I would give all the street children food, clothes, medicine, shelter, and love and affection."

　　If a child on the street (③) has nothing is willing to share, why are we who have everything still so greedy?

セヴァン・カリス＝スズキ著　ナマケモノ倶楽部編・訳「あなたが世界を変える日」より

❶ ①の（　）内の語を適切な形にかえて書きなさい。　(8点)

❷ 次の文が下線部②の内容を表すように，（　）に入る適切な日本語を書きなさい。　(10点)
（　　　　　　　　　　　　），住む場所，そして愛情と優しさをあげるのに。

❸ ③の（　）に入る適切な語を書きなさい。　(8点)

❹ セヴァンさんたちに衝撃を与えたのは誰の言葉でしたか。日本語で書きなさい。　(8点)

❺ **次のような場合，英語で何と言えばよいか書きなさい。（　）内の指示にしたがうこと。**
表　20点（各10点）

❶ 相手に，自分にギターのひき方を教えてくれるように頼む場合。(Pleaseで始めて)

❷ 自分がきのう読んだ本はおもしろかったと伝える場合。(The bookで始めて)

❶	①		②	
❷	①			.
	②			the world.
❸	①	②	③	④
❹	①			
	②			
	③			
	④			
❺	①			
	②			

■ 赤シートを使って答えよう！

❶ [I wish ～.（仮定法：動詞が過去形）]

解答欄

□❶ あなたが私の先生だったらいいのに。

I [wish] you were my teacher.

❶ _____

□❷ 彼女が日本に住んでいたらいいのに。

I wish she [lived] in Japan.

❷ _____

□❸ 私がテニスが上手だったらいいのに。

I [wish] I [were] good at tennis.

❸ _____

❷ [I wish ～.（仮定法：助動詞が過去形）]

□❶ 私が空を飛ぶことができたらいいのに。

I wish I [could] fly in the sky.

❶ _____

□❷ あなたが私と一緒に来ることができたらいいのに。

I [wish] you [could] come with me.

❷ _____

POINT ....

❶ [I wish ～.（仮定法：動詞が過去形）]

I wish ～.は「もし（今）～だったらいいのに。」と，現実と違う，かなわない願望を表す。I wishに続く文の動詞は過去形を使う。

・I wish you weren't leaving.　[あなたが出発しなければいいのに。]
　　　　　　　└be動詞の過去形：基本的にwereを使う

・I wish I lived in New York.　[私がニューヨークに住んでいたらいいのに。]
　　　　　└一般動詞の過去形

❷ [I wish ～.（仮定法：助動詞が過去形）]

I wishに続く文で〈助動詞の過去形＋動詞の原形〉を使うこともある。助動詞の過去形はcouldを使うことが多い。〈I wish＋主語＋could＋動詞の原形 ....〉は「もし（今）～することができたらいいのに。」という意味を表す。

・I wish I could stay.　[私がとどまることができたらいいのに。]
　　　　　└〈could＋動詞の原形〉

Step 2 予想問題　**Unit 8 Goodbye, Tina 〜 You Can Do It! 3**　30分（1ページ10分）

❶ 次の❶〜❻は意味を日本語で書き，❼〜❿は英語にしなさい。

🔆**ヒント**

□❶ within　（　　　　　）　□❷ ambitious　（　　　　　）
□❸ usual　（　　　　　）　□❹ midnight　（　　　　　）
□❺ importance（　　　　）　□❻ precious　（　　　　　）
□❼ 友情　＿＿＿＿＿＿　□❽ 退屈した　＿＿＿＿＿＿
□❾ 助けになる　＿＿＿＿＿　□❿ 〜を受け入れる＿＿＿＿＿

❶
❶前置詞。後ろに時間・距離・範囲などを表す語を置いて使う。
❸形容詞で，副詞形は usually。
❺名詞で，形容詞形は important。

❷ 次の語で最も強く発音する部分の記号を答えなさい。

□❶ am-bi-tious　　　　□❷ im-por-tance
　　ア　イ　ウ　　　　　　　ア　イ　ウ
　　　　　（　　）　　　　　　　　（　　）

❸ 次の文の（　）に適切な語（句）を下から選び，記号を〇で囲みなさい。

❸
●I wish 〜.
I wish 〜.で現在の事実と違う願望を言うときは，〜の部分の動詞・助動詞は過去形と覚えておこう。

□❶ I wish you （　　）here.
　　㋐ be　　　㋑ are　　　㋒ were
□❷ I wish I （　　）more money.
　　㋐ had　　　㋑ has　　　㋒ having
□❸ I wish I （　　）faster.
　　㋐ can run　　㋑ could run　　㋒ runs

❹ 次の対話文の□に適切な文を，（　）内の日本語を参考にして下から選び，記号を〇で囲みなさい。

❹
❶否定文に「自分も〜ない」と応じる表現。
❷手紙やメール文の結びの言葉としても使われる。

点UP
□❶ A: I don't like winter.
　　B: □　　（私もです。）
　　㋐ Yes, I do.　　㋑ Me, too.　　㋒ Me, neither.
□❷ A: Here's your coffee.
　　B: □　　（ありがとう。）
　　㋐ Cheers.　　㋑ No problem.　　㋒ You're welcome.
□❸ A: It's my birthday today.
　　B: Of course I know. □　（はい，プレゼントです。）
　　㋐ Here we go.　　㋑ Here's something for you.
　　㋒ Here they are.

❺ 次の日本語に合う英文になるように，____に適切な語を書きなさい。

☐**①** あなたは飛行機の中で退屈するでしょう。

You'll _____ _____ on the plane.

☐**②** 連絡を取り合いましょう。

Let's _____ _____ _____.

☐**③** ここでは一年中暖かいです。

It's warm here _____ _____ _____.

☐**④** 無事な旅を祈ります。

_____ a safe _____!

☐**⑤** 私はあなたの支えとなりたいです。

I'd like to be _____ _____ you.

☐**⑥** 私はそのとき途方にくれていました。

I was feeling _____ at that time.

☐**⑦** 私は試験に合格しました。あなたのおかげです。

I passed the exam. That's _____ _____ you.

❻ 次の日本語に合う英文になるように，____に（ ）内の語数の適切な英語を書きなさい。

☐**①** 私が鳥だったらいいのに。（2語）

I wish _____ a bird.

☐**②** 彼<ruby>彼<rt>かれ</rt></ruby>がこの町に住んでいたらいいのに。（3語）

I _____ in this town.

☐**③** もし私がそこにいれば，あなたを助けることができるのに。（3語）

If I were there, I _____.

☐**④** 私に姉がいればいいのに。（3語）

I _____ a sister.

☐**⑤** 私が永遠にここに滞在<ruby>滞在<rt>たいざい</rt></ruby>することができたらいいのに。（4語）

I _____ here forever.

☐**⑥** 私がピアノをひくことができたらいいのに。（5語）

_____ the piano.

☐**⑦** もし私が魚のように泳ぐことができたら，あの島まで行くのに。（4語）

_____ like a fish, I would go to that island.

ヒント

❺
①「飽きる」という意味もある。
④遠くへ出発する人への挨拶<ruby>挨拶<rt>あいさつ</rt></ruby>。
⑤ there を使う。
⑥→「途方にくれ（たと感じ）ていました」と考える。

❻
①②④～⑥はかなわない願望を表す。
③⑦

●if を使う仮定法
現実<ruby>現実<rt>げんじつ</rt></ruby>とは違う仮定の話をするとき，if を使う「もし（今）～だったら，…だろうに。」という表現もあったね。

❼ 次の英文を日本語にしなさい。

☐ ❶ Many familiar faces gathered.

(）

☐ ❷ I wish my grandparents lived with me.

(）

☐ ❸ I wish I could speak English better.

(）

☐ ❹ If you practiced harder, you could be a good soccer player.

(

）

❽ 次の日本語に合う英文になるように，（　）内の語(句)や符号を並べ替えなさい。

☐ ❶ この子供たちが私の生徒だったらいいのに。

(wish / children / my students / I / were / these).

＿＿＿＿＿＿＿＿＿＿＿＿＿＿＿＿＿＿＿＿＿＿＿＿.

☐ ❷ 私が言える唯一のことは私が最善を尽くしたということです。

(did / I / all / can / I / is / my best / say).

＿＿＿＿＿＿＿＿＿＿＿＿＿＿＿＿＿＿＿＿＿＿＿＿.

☐ ❸ 私たちがいつでもあなたに会うことができたらいいのに。

(we / you / I / wish / see / could) anytime.

＿＿＿＿＿＿＿＿＿＿＿＿＿＿＿＿＿＿＿＿ anytime.

☐ ❹ もし彼がチームの一員ならば，私たちは勝つことができるのに。

If (were / could / the team / he / we / win / a member of / ,).

If ＿＿＿＿＿＿＿＿＿＿＿＿＿＿＿＿＿＿＿＿＿＿＿＿

＿＿＿＿＿＿＿＿＿＿＿＿＿＿＿＿＿＿＿＿＿＿＿＿.

❾ 次の日本語を英文にしなさい。

☐ ❶ あなたがここに来てくれて，私はうれしく思います。

＿＿＿＿＿＿＿＿＿＿＿＿＿＿＿＿＿＿＿＿＿＿＿＿＿

☐ ❷ 私が医者だったらいいのに。

＿＿＿＿＿＿＿＿＿＿＿＿＿＿＿＿＿＿＿＿＿＿＿＿＿

☐ ❸ 私が自動車を持っていればいいのに。

＿＿＿＿＿＿＿＿＿＿＿＿＿＿＿＿＿＿＿＿＿＿＿＿＿

点UP

❼

❷❸I wish 〜.は「〜だったらいいのに。」という日本語になる。

❹ifを使う仮定法の文。

❽

❸「〜できたらいいのに」の部分にcouldを使う。

❹ ❌|ミスに注意
ifを使う仮定法の文。If 〜, ...の形。〜と...の部分をそれぞれ正しく並べる。

❾

❶I'm[I am] glad (that) 〜.の形で表す。

❷ ❌|ミスに注意
仮定法では主語が何であっても，be動詞は普通はwereを使うと覚えておこう。

Step 3 予想テスト : Unit 8 Goodbye, Tina ~ You Can Do It! 3

⏱ 30分 ／100点 目標 80点

❶ 次の日本語に合う英文になるように，＿＿＿に入る適切な語を書きなさい。 知 15点（各5点）

❶ 私はそのパーティに行ったとき，退屈になりました。

When I went to the party, I ＿＿＿＿ ＿＿＿＿.

❷ 私は一年中スキーを楽しみたいです。

I want to enjoy skiing ＿＿＿＿ ＿＿＿＿ round.

❸ 彼_{かれ}らはいつも私の支えとなりました。

They were always ＿＿＿＿ ＿＿＿＿ me.

❷ 次の日本語に合う英文になるように，（　）内の語（句）を並_かべ替えなさい。 知 15点（各5点）

❶ 彼女_{かのじょ}が私の同級生だったらいいのに。

(she / wish / classmate / I / were / my).

❷ あなたが私の家の近くに住んでいたらいいのに。

(wish / near / you / my house / I / lived).

❸ 私がロボットを作ることができたらいいのに。

(a robot / could / I / make / I / wish).

❸ 次の会話文の（　）内から適切な語を選び，記号で答えなさい。 知 20点（各5点）

❶ *Hajin:* I can't believe you're leaving within an hour.

Eri: Me, ①(⑦ too ⑦ neither ⑦ either). I wish you weren't leaving.

Tina: I know. I wish I ②(⑦ were ⑦ can ⑦ could) stay.

❷ *Hajin:* Promise to ①(⑦ keep ⑦ take ⑦ come) in touch?

Tina: Of course, I will.

Kota: Have a safe ②(⑦ day ⑦ plane ⑦ trip)! Don't forget us!

❹ 次のKotaからTinaへの手紙の一部を読んで，あとの問いに答えなさい。 知 表 30点

　　Thanks (　①　) you, I learned so much about the world and about myself. When I entered junior high school, I was feeling lost. But now I'm excited about the future. And ②that's because of you! I promise to visit you soon. Until then take (　③　)!

❶ ①，③の（　）に入る適切な語を書きなさい。 (各7点)

❷ 次の文が下線部②の内容を表すように，（　）に入る適切な日本語を書きなさい。 (8点)

　Kotaは（　　　　　　　　　　　　　　）が，今は将来についてわくわくしていること。

❸ Kotaが伝えたいこととして適切なものを１つ選び，記号で答えなさい。 (8点)

　㋐ Tinaにまた日本に来てほしいということ。

　㋑ Tinaに感謝していること。

　㋒ Kota自身が頑張ったこと。

❺ **次のような場合，英語で何と言えばよいか書きなさい。❶は（　）内の指示にしたがうこと。** 表 20点(各10点)

❶ 自分の最もよい友達でいてくれてありがとうと伝える場合。（Thank you forで文を始めて）

❷ 相手がいつまでも日本に住むことができたらいいのにと伝える場合。

❶	❶		❷	
	❸			
❷	❶			.
	❷			.
	❸			.
❸	❶ ①	②	❷ ①	②
❹	❶ ①	③		
	❷			
	❸			
❺	❶			
	❷			

光村図書版・中学英語３年

テスト前 ☑ やることチェック表

① まずはテストの目標をたてよう。頑張ったら達成できそうなちょっと上のレベルを目指そう。
② 次にやることを書こう（「ズバリ英語〇ページ，数学〇ページ」など）。
③ やり終えたら□に✔を入れよう。
　　最初に完ぺきな計画をたてる必要はなく，まずは数日分の計画をつくって，
　　その後追加・修正していっても良いね。

目標

	日付	やること1	やること2
2週間前	／	☐	☐
	／	☐	☐
	／	☐	☐
	／	☐	☐
	／	☐	☐
	／	☐	☐
	／	☐	☐
1週間前	／	☐	☐
	／	☐	☐
	／	☐	☐
	／	☐	☐
	／	☐	☐
	／	☐	☐
	／	☐	☐
テスト期間	／	☐	☐
	／	☐	☐
	／	☐	☐
	／	☐	☐
	／	☐	☐

キリトリ線

英語3年 光村図書版

テスト前 ☑ やることチェック表

① まずはテストの目標をたてよう。頑張ったら達成できそうなちょっと上のレベルを目指そう。
② 次にやることを書こう（「ズバリ英語〇ページ，数学〇ページ」など）。
③ やり終えたら□に✔を入れよう。
　最初に完ぺきな計画をたてる必要はなく，まずは数日分の計画をつくって，
　その後追加・修正していっても良いね。

目標

	日付	やること1	やること2
2週間前	／	☐	☐
	／	☐	☐
	／	☐	☐
	／	☐	☐
	／	☐	☐
	／	☐	☐
	／	☐	☐
1週間前	／	☐	☐
	／	☐	☐
	／	☐	☐
	／	☐	☐
	／	☐	☐
	／	☐	☐
	／	☐	☐
テスト期間	／	☐	☐
	／	☐	☐
	／	☐	☐
	／	☐	☐
	／	☐	☐

QRコードのページに登録すると，「ぴたリンク」からも表をダウンロードできるよ

光村図書版 英語3年 ヒア ウィ ゴー! | 定期テスト ズバリよくでる | 解答集

Unit 1

pp.3-5 **Step 2**

❶ 1 技術，技能 2 〜を修理する

　3 〜中に，〜のあちこちで 4 胃

　5 脳，頭脳 6 (場所・もの)に入る

　7 bike 8 uniform 9 twice 10 carry

　11 website 12 rule 13 thousand

　14 enough

❷ 1 × 2 ○ 3 ×

❸ 1 ウ 2 ア 3 イ 4 イ

❹ 1 on 2 to 3 at 4 with 5 into

❺ 1 from, to 2 Each, us 3 in front

　4 Did, know 5 close to 6 because

❻ 1 was written, him 2 isn't used

　3 What is, called 4 me play

　5 them English 6 tells us that

❼ 1 これらの人形はあの店で買うことができます。

　2 私はよく母が皿洗いをするのを手伝います。

　3 あなたはコンサートのチケットを買う必要
　　があります。

❽ 1 Is the tablet used as a textbook(?)

　2 Let me show you a painting(.)

　3 I helped my brother study math(.)

　4 She tells me I should do my best(.)

❾ 1 Let me help you.

　2 My sister helped me clean my room.

　3 This musical is liked by many[a lot of]
　　children.

考え方

❶ 3 across the world「世界中に」のように使う。

　9 「3回以上」は〜 timesを使うが，「2回」は
　　普通はtimesを使わずにtwice 1語で表す。

❸ 1 受け身の文。〈be動詞＋過去分詞〉の形に
　　する。speakの過去分詞はspoken。

　2 「私に夕食後，テレビを見させてください。」

という意味の文。「(人・もの)に〜させる」
(許可)は〈let＋人・もの＋動詞の原形〉。

　3 「私はトムが友達のための土産を買うのを
　　手伝いました。」という文。「(人)が〜する
　　のを手伝う」は〈help＋人＋動詞の原形〉の
　　形。動詞の原形を〈to＋動詞の原形〉にする
　　こともある。

　4 「エミは私に，彼女は空腹だと(いうことを)
　　言いました。」という意味の文。「(人)に〜
　　ということを言う」は〈tell＋人(＋that)〜〉
　　の形にする。〜の部分は主語，動詞のある
　　文の形。

❹ 1 put on a play「劇[芝居]を上演する」

　2 walk to school「歩いて通学する」

　3 at night「夜に」 「午前[午後，夕方]に」＝
　　in the morning[afternoon, evening]と
　　は異なり，atを使うので注意する。

　4 with confidence「自信を持って」

　5 divide 〜 into ...「〜を…に分割する」

❺ 1 「〜から…まで」＝ from 〜 to ...は場所や
　　時について使うことができる。

　2 「私たちのおのおの」＝ each of us

　3 「〜の正面に」＝ in front of 〜

　4 「〜だと知っていましたか。」＝ Did you know
　　(that) 〜? thatは省略できる。

　5 「〜に接近した，〜にごく近い」＝ close to 〜

　6 「なぜなら〜だからです。」＝ That is because
　　〜. 先に結果を言い，その後に理由を述べ
　　る言い方。逆に，先に理由を述べ，その後
　　に結果を述べるときはThat's why 〜.を使う。

❻ 1 〈be動詞＋過去分詞＋by 〜〉の形にする。
　　主語はthis letterで過去の文なので，be
　　動詞はwasを使う。writeの過去分詞は
　　written。byの後ろはheではなくhim。

　2 be動詞の後にnotを入れる。

　3 「彼女は友達からエミとよばれています。」→
　　「彼女は友達から何とよばれていますか。」

疑問詞whatの後は受け身の疑問文の語順〈be動詞＋主語＋過去分詞〉となる。

4 「私にギターをひかせてください。」という意味の文にする。〈Let me＋動詞の原形 〜.〉

5 〈teach＋もの＋to＋人〉→〈teach＋人＋もの〉の語順に書き替える。teachは「人」，「もの」の2つの目的語を取ることができる。

6 「私たちは規則に従うべきです。佐藤先生はよくそれを私たちに言います。」の2文を→「佐藤先生はよく私たちに規則に従うべきだと(いうことを)言います。」という1文にする。〈tell＋人＋that＋主語＋動詞〉の形で，tellには3人称単数の-sを付ける。

❼ 1 canの受け身〈can be＋過去分詞〉は「〜されることができる」という意味になるが，解答のように「〜することができる」と訳す場合もある。

3 〈need to＋動詞の原形〉は「〜する必要がある」という意味になる。

❽ 1 受け身の疑問文。〈be動詞＋主語＋過去分詞 〜?〉の語順にする。usedはuseの過去分詞。「〜として」＝as 〜

2 「私に〜させてください。」は〈Let me＋動詞の原形 ....〉の語順。

3 「(人)が〜するのを手伝う」は〈help＋人＋動詞の原形〉の形。

4 「(人)に〜ということを言う」は〈tell＋人(＋that)〜(文の形)〉の語順。「(私の)最善を尽くす」＝do my best

❾ 1 Let meの後に動詞の原形helpを続ける。

2 主語はmy sister。過去の文なので動詞はhelpedとするが，「人」の後の動詞は原形。

3 受け身の文。主語はthis musical。現在の文なのでbe動詞はisで，この後にlike「好む」の過去分詞likedを続ける。「多くの子供たちに(よって)」＝by many[a lot of] childrenを最後に置く。

pp.6-7 **Step ❸**

❶ 1 walk to school **2** at night
3 For example

❷ 1 Let me go camping
2 Are the classes taught in English(?)
3 often tells me that Japanese is difficult

❸ ①looking ②called ③told
④introduce

❹ 1 put on
2 help us prepare
3 彼らは私たちに演じる技術と話す技術を教えます。
4 人前で自信

❺ 1 (例)I often help my mother make breakfast.
2 (例)My father tells me (that) I should read many[a lot of] books.

考え方

❶ 1 「歩いて通学する」＝walk to school
2 「夜に」＝at night
3 「たとえば」＝for example

❷ 1 〈Let me＋動詞の原形 〜.〉の語順にする。
2 受け身の疑問文。〈be動詞＋主語＋過去分詞 〜?〉の語順にする。「英語で」＝in English
3 〈tell＋人＋that 〜〉の語順。often「よく」は，普通は一般動詞の前に置く。

❸ ①「あなたは何を見ているのですか。」 現在進行形の文なのでlookingにかえる。
②「それは『世界各地の学校生活』とよばれています。」 受け身の文なので過去分詞のcalledにかえる。
③「ブラウン先生は私たちに，それはおもしろいウェブサイトだと言いました。」 過去形toldにする。
④「世界中の学生が自分たちの学校を紹介しています。」

❹ 1 「〜を上演する」＝put on 〜
2 「私たちの先生は，私たちが上演のために準備をするのを手伝います。」〈help＋人＋動詞の原形〉の語順にする。
3 〈teach＋人＋もの〉「(人)に(もの)を教える」の形の文。「もの」の部分のacting and

speaking skills は, acting <u>skills</u> and speaking skillsが省略された形。

4 本文最後から2番目の文の内容。learn to 〜は「〜することを学ぶ, 〜できるようになる」という意味を表す。in front of people「人前で」, with confidence「自信を持って」

❺ 1 Iを主語にして〈help＋人＋動詞の原形〉の形を使って表す。「人」の部分はmy mother。

2 my fatherを主語にして〈tell＋人＋that 〜〉の形で表す。that以下の部分「本をたくさん読むべきだ」は主語Iを補う。

Unit 2 〜 Daily Life 2

pp.10-13　**Step 2**

❶ 1 夕焼け　**2** 神社　**3** 人, 人間, 一個人
4 報道, 報告　**5** 完璧な, 理想的な, 最高の
6 娯楽, 遊び, 遊具　**7** busy　**8** wooden
9 hurry　**10** change　**11** return　**12** rich

❷ 1 イ　**2** ア

❸ 1 done　**2** has　**3** Have　**4** Has　**5** never

❹ 1 ウ　**2** エ　**3** イ　**4** ア

❺ 1 afraid of　**2** at all　**3** catch up
4 What's, with　**5** big deal　**6** me know

❻ 1 Have, written / have, finished
2 left / yet, eating[having]
3 ever been / been, times
4 Has, played / never

❼ 1 has just read　**2** Have, bought, yet
3 haven't had, yet　**4** Have, ever heard
5 has never tried　**6** many times has

❽ 1 私はきのう, 帽子を電車に置き忘れました。
2 彼らはついに東京に着きました。
3 彼はまだ宿題をしていません。
4 あなたはこれまでに韓国（かんこく）へ行ったことがありますか。
5 私はあんなすばらしい絵を一度も見たことがありません。

❾ 1 I have already finished packing(.)
2 Ken hasn't got his passport yet(.)
3 Has Yuki fed the dog yet(?)
4 I've never seen him like that(.)

5 What countries have you visited(?)

❿ 1 I've[I have] just finished lunch.
2 Has the train left yet?
3 My brother hasn't[has not] washed his face yet.
4 I've[I have] climbed Mt. Fuji three times.
5 Have you ever heard of the old castle?
6 My cousin has never been to New York.

考え方

❸ 1 「私はもう宿題をしてしまいました。」〈have (already)＋過去分詞〉の現在完了（かんりょう）形にする（完了用法）。do「する」の過去分詞はdone。
2 「電車はちょうど駅に着いたところです。」arrivedは過去分詞。過去分詞が使われる文は現在完了形と受け身があるが, 意味から現在完了形（完了用法）と判断する。主語が3人称単数のときはhaveではなくhas。
3 4 現在完了形の疑問文（**3**は完了用法, **4**は経験用法）。have[has]が主語の前に置かれる。
5 I'veはI haveの短縮形。〈have never＋過去分詞〉「一度も〜したことがない」（経験用法）

❹ 1 Wait a minute!「ちょっと待ってください。」
2 Here you are.はものを差し出して「はい, ここにあります[さあどうぞ]。」という表現。
3 Come on, guys.は「さあさあ, みんな。」と行動を促（うなが）すときの表現。
4 Hurry up.「急いで。」

❺ 1 「〜が怖（こわ）い」＝ be afraid of 〜
2 「全然, 少しも〜ない」＝ not 〜 at all
3 「〜に追いつく」＝ catch up with 〜
4 「〜はどうしたのですか。」＝What's up with 〜?
5 「たいしたことではありません。」＝ It's no big deal.
6 Let me 〜.「私に〜させてください。」の〜にknow ...を入れてLet me know ....「…を私に知らせてください。」とする。

❻ 1 現在完了形の完了用法の疑問文。主語の前にhaveを置く。write「〜を書く」の過去

分詞はwritten。答えるときもhaveを使う。「～し終える」= finish ～ing

2 現在完了形の完了用法の疑問文。leave「～を去る」の過去分詞はleft。「いいえ，まだです。」と答えるときはNo, not yet.という言い方もできる。「今，～しています。」は現在進行形で表す。

3 「これまでに～したことがありますか。」は現在完了形の経験用法の疑問文〈Have[Has]＋主語＋ever＋過去分詞 ...?〉で表す。「～に行ったことがある」はhave[has] been to ～を使う。「数回」= several times「～回」というときは複数形time_s_を使う。

4 現在完了形の経験用法の疑問文。文末のbeforeは「以前」を表す。noで答えるときはNo, she hasn't.のほかにNo, never.「いいえ，一度もありません。」なども使う。

❼ 1 「私の父はちょうど今日の新聞を読んだところです。」という意味の文にする（完了用法）。解答欄に〈has just＋過去分詞〉が入る。read は read[riːd]-read[red]-read[red]と変化する。つづりは同じでも発音が違う。

2 疑問文で「もう～しましたか。」と言うときはyet「もう」を文末に置く（完了用法）。

3 「私は夕食をまだ食べていません。」という意味の文にする（完了用法）。解答欄の数からhave not の短縮形haven'tを使って〈haven't＋過去分詞〉の形にする。have「食べる」の過去分詞はhad。「まだ」は文末にyetを置く。

4 「これまでに～したことがありますか。」という現在完了形の経験用法の疑問文にする。〈Have[Has]＋主語＋ever＋過去分詞 ...?〉

5 「トムは納豆を一度も食べてみたことがありません。」という現在完了形の経験用法の文にする。「一度も～したことがない」はneverを使って〈has never＋過去分詞〉の形にする。tryの過去分詞はtried。

6 「何回」を表すHow many timesで始めて，現在完了形の疑問文の語順を続ける。

❽ 1 haveがないので，leftはleaveの過去形と

わかる。leaveは「～を出発する，～を置いていく」など，いろいろな意味があるが，ここでは「～を置き忘れる」が適切。

2 「ついに～した」という現在完了形の完了用法の文。

3 yetは否定文で「まだ（～していない）」という意味になる。

4 everは現在完了形の経験用法の疑問文で「これまでに」という意味を表す。have[has] been to ～は「～へ行ったことがある」。

5 neverは現在完了形の経験用法の否定文で「一度も～ない」という意味を表す。such a ～「あんな～」

❾ 1 〈主語(I)＋have already＋過去分詞 ～.〉の語順にする（完了用法）。finish ～ing「～することを終える」

2 「まだ～していません。」は現在完了形の完了用法の否定文。〈主語(Ken)＋hasn't＋過去分詞 ... yet.〉の語順にする。gotはget「～を得る，手に入れる」の過去分詞。

3 「もう～しましたか。」は現在完了形の完了用法の疑問文。〈Has＋主語(Yuki)＋過去分詞 ... yet?〉の語順にする。fedはfeed「～に食事を与える」の過去分詞。

4 「一度も～したことがありません。」は現在完了形の経験用法の否定文。I haveの短縮形I'veの後に〈never＋過去分詞〉を続ける。seenはseeの過去分詞。「あのような彼」はhimの後にlike thatを置く。like「～のような」は前置詞。

5 「どの国」= What countriesで文を始めて，現在完了形の疑問文の語順を続ける（経験用法）。

❿ 1 〈主語(I)＋have just＋過去分詞 ～.〉の語順。

2 〈Has＋主語(the train)＋過去分詞 ～ yet?〉の語順（完了用法）。leaveの過去分詞はleft。

3 〈主語(My brother)＋has not＋過去分詞 ～ yet.〉の語順（完了用法）。「顔を洗う」= wash one's face

4 現在完了形の経験用法の文〈主語(I)＋have＋過去分詞 ～.〉の語順。climbの過去分詞

4

は climbed。「3度」= three times は文末に置く。

5 現在完了形の経験用法の疑問文〈Have＋主語(you)＋ever＋過去分詞 〜?〉の文を作る。「〜のことを聞く」= hear of 〜　hearの過去分詞はheard。

6 現在完了形の経験用法の否定文〈主語(My cousin)＋has never＋過去分詞 〜.〉の文を作る。「〜に行ったことがある」はhave[has] been to 〜で表す。

pp.14-15　Step 3

❶ 1 caught up with　**2** What's up with
3 Let me

❷ 1 My sister has not cleaned her room yet(.)
2 I have never seen such a big animal(.)
3 How many times have you been to Osaka(?)

❸ ①ウ　②エ　③ア　④イ

❹ 1 arrived　**2** over there
3 シカ(たち)は人を全然怖(こわ)がりません。
4 海の中に木製の門を建てたこと
5 They are in Miyajima.

❺ 1(例)Have you finished[done] your homework yet?
2(例)I've[I have] been abroad twice.

考え方

❶ 1「〜に追いつく」= catch up with 〜　catchの過去形はcaught。
2「〜はどうしたんでしょう。」= What's up with 〜?
3「〜を私に知らせてください。」= Let me know 〜.

❷ 1「まだ〜していません。」は現在完了形の完了用法の否定文。〈主語(My sister)＋has not＋過去分詞 ... yet.〉の語順にする。
2「一度も〜したことがありません。」は現在完了形の経験用法の否定文。〈主語(I)＋have never＋過去分詞 ....〉の語順にする。「あんな〜」= such a 〜
3「何回〜したことがありますか。」はHow many

timesで文を始めて，現在完了形の疑問文の語順を続ける。「〜に行ったことがある」= have[has] been to 〜

❸ ① Wait a minute!「ちょっと待って。」
②Hurry up.「急いで。」
③Here you are.「〔ものを差し出して〕はい，ここにあります。」
④It's no big deal.「たいしたことではないよ。」

❹ 1 現在完了形〈have＋(finally＋)過去分詞〉の形にする。arriveの過去分詞はarrived。
2「あそこに」= over there
3 They は some deer。be afraid of 〜「〜が怖い」，not 〜 at all「全然〜ない，少しも〜ない」
4 下線部④でコウタは「それはすばらしいです。」と感心している。このThat「それは」は直後の文で具体的に述べられている。
5「ハジンと彼の友人たちは今，どこにいますか。」という問い。ハジンの発言参照。

❺ 1「あなたはもう宿題を終えてしまいましたか。」 現在完了形の完了用法の疑問文にする。
2「私はこれまでに2度海外に行ったことがあります。」 現在完了形の経験用法の文にする。「海外に行ったことがある」はhave[has] been abroadで表す。「2度」= twice

Unit 3 〜 You Can Do It! 1

pp.18-21　Step 2

❶ 1 〜をはっきり理解する，悟る
2 食事，料理　**3** 〜を創造する，生み出す
4 世紀　**5** (車の)往来，交通(量)
6 必要な，なくてはならない
7 〜を持たずに，〜なしで
8 〜を集める，募(つの)る　**9** peace　**10** young
11 half　**12** hour　**13** money　**14** bridge
15 fire　**16** glass　**17** end　**18** road
19 plane　**20** smoke

❷ 1 ×　**2** ×　**3** ○

❸ 1 colder　**2** better　**3** brought
4 taken　**5** known　**6** raining

❹ 1 of　**2** for　**3** at　**4** on　**5** away

6 through

⑤ 1 reminds, of　2 for, time　3 pass, on
　4 by year　5 go out　6 happen to
　7 can, to　8 in danger

⑥ 1 has, for　2 stayed, since　3 has been

⑦ 1 has lived, for　2 been busy since
　3 has been washing, since
　4 How long, been　5 easy, him to
　6 exciting, to watch

⑧ 1 彼は海外で働くことを堅く決心しています。
　2 私は30分間（ずっと）泳いで[泳ぎ続けて]います。
　3 この建物は私が5歳のときから（ずっと）このままです。

⑨ 1 He has kept a diary for a long time(.)
　2 They have been running since this morning(.)
　3 How long have you been reading a book
　4 It is exciting for me to play rugby(.)

⑩ 1 I've[I have] been tired since last week.
　2 My brother has been watching TV for two hours.
　3 How long have you been a teacher?
　4 It's[It is] important for us to help each other.

考え方

③ 1 〈get＋形容詞の比較級〉で「より～になる，ますます～になる」という意味を表す。
　2 goodの比較級はbetter。
　3 bringの過去分詞はbrought。bring up ～で「～を育てる」。「育つ」は受け身形のbe brought upで表す。
　4 受け身の文なのでbe動詞の後を過去分詞にする。takeの過去分詞はtaken。
　5 「～前から（ずっと）知り合いでいる」→「～の間ずっと知っている」は現在完了形〈have[has]＋過去分詞〉の継続用法の文。knowの過去分詞はknown。
　6 「雨が降る」という動作の継続を表すので，現在完了進行形の文。beenの後ろを動詞

の-ing形にする。

④ 1 「～（のこと）を思い浮かべる，～について考える」＝ think of ～
　2 「～に向かって努力する」＝ work for ～
　3 「ついに，ようやく，やっと」＝ at last
　4 「続く」＝ go on
　5 「すぐに，ただちに」＝ right away
　6 「びしょぬれになる」＝ get wet through
このthroughは副詞で「まったく，すっかり」という意味を表す。

⑤ 1 「～に…を思い出させる」＝ remind ～ of …
　2 「初めて」＝ for the first time
　3 「～を伝える，～を譲る」＝ pass ～ on
　4 「年々，年ごとに（変化して）」＝ year by year
　5 「外出する」＝ go out
　6 「～に起こる，生じる」＝ happen to ～
　7 「何ができるでしょうか」なのでcanを使う。「～するために」は不定詞を使う。
　8 「危険な状態の，危機に陥って」＝ in danger

⑥ 1 Bは現在完了形の文への応答。hasを使う。2文目のhe'sはhe hasの短縮形。「彼はそれを10年間勉強しています。」
　2 A「あなたはどのくらいこの町に滞在していますか。」B「先月からここに滞在しています。」現在完了形の継続用法で答える。
　3 A「クミは台所でどのくらい料理をしていますか。」B「彼女は3時間料理をしています。」現在完了進行形〈have[has] been＋動詞の-ing形〉で答える。

⑦ 1 「トムは2年前に日本に来ました。彼はまだ日本に住んでいます。」→「トムは2年間日本に住んでいます。」現在完了形の継続用法の文にする。
　2 「私は先週忙しくなりました。私は今もまだ忙しいです。」→「私は先週からずっと忙しいです。」
　3 「私の父は正午に車を洗い始めました。彼は今もそれを洗っています。」→「私の父は正午からずっと車を洗っています。」現在完了進行形〈have[has] been＋動詞の-ing形〉の文にする。

4 「5年間」という期間をたずねるので，How longで始め，現在完了形の疑問文の形を続ける。

5 「彼は簡単に馬に乗ることができます。」→「彼にとって馬に乗ることは簡単です。」〈It is 〜 for＋人＋to＋動詞の原形 ....〉の文で表す。〜は形容詞easyが入る。

6 「バスケットボールの試合を見ることは私にとって刺激的です。」〈It is 〜 for＋人＋to＋動詞の原形 ....〉の文にする。To 〜 gamesの代わりにItを置き，To 〜 gamesは文末に。

❽ 1 be determined to 〜「〜することを堅く決心している」 decide to 〜「〜することに決める」よりも強い決心を表す。

2 現在完了進行形「（ずっと）〜し（続け）ている」という意味の文。half an hour「1時間の半分」＝「30分」

3 現在完了形で「ずっと〜している」という状態の継続を表す文。be like thisは「このよう（な状態）である」という意味を表す。since以下が〈主語＋動詞 〜〉なので，このsinceは接続詞で「私が5歳のときから」という意味になる。

❾ 1 「日記をつける」＝keep a diaryは継続的な意味を持つ動詞なので，現在完了形の継続用法で表すことができる。keepの過去分詞はkept。「長い間」＝for a long time

2 動作の継続を表すので，現在完了進行形の〈have[has] been＋動詞の-ing形〉の語順にする。「今朝」＝this morning

3 How longで始め，現在完了進行形の疑問文の語順〈have[has]＋主語＋been＋動詞の-ing形〉を続ける。

4 〈It is 〜 for＋人＋to＋動詞の原形 ....〉

❿ 1 現在完了形の継続用法の文を作る。「疲れた」＝tired，「先週から」＝since last week

2 現在完了進行形の文を作る。「テレビを見る」＝watch TV

3 be a teacher「教師でいる」という状態の継続の期間をたずねる文を作る。How long

に現在完了形の疑問文の語順を続ける。

4 〈It is 〜 for＋人＋to＋動詞の原形 ....〉の文を作る。forの後の代名詞はusの形にする。「お互い」＝each other

pp.22-23 **Step ❸**

❶ 1 reminds, of **2** at last **3** go out
❷ 1 I've wanted to visit Hokkaido since childhood(.)
2 How long has he been talking with his friend(?)
3 It is necessary for you to read many books(.)
❸ ①For, time ②before ③What a ④right
❹ 1 ウ
2 年々ますます年老いていっている
3 ⓐ○ ⓑ× ⓒ○
❺ 1 (例)How long have you lived in Japan?
2 (例)It's[It is] easy for me to play the guitar.

考え方

❶ 1 「〜に…を思い出させる」＝remind 〜 of ...
2 「ついに，ようやく，やっと」＝at last
3 「外出する」＝go out
❷ 1 「（ずっと）〜したいと思っている」は現在完了形の継続用法で表す。「北海道を訪れたい」＝want to visit Hokkaido I'veの後にwantの過去分詞wantedを続ける。「子供の頃から」＝since childhood
2 「（ずっと）友達と話している」という動作の継続は現在完了進行形の文で表す。「どのくらい」とたずねる文はHow longで始めて，現在完了進行形の疑問文の語順〈have[has]＋主語＋been＋動詞の-ing形〉を続ける。
3 〈It is 〜 for＋人＋to＋動詞の原形 ....〉の語順にする。necessary「必要な」
❸ ①「初めて」＝for the first time
②「〜する直前(に)」はjust「ちょうど」という意味の語の後に接続詞before「〜する前

に」を置く形で表す。

③「なんと〜な…でしょう。」は感嘆文〈What + (a[an] +) 形容詞 + 名詞!〉で表す。ここでは〈主語 + 動詞〉のit madeが省略されない形で後ろに続いている。

④「すぐに，ただちに」= right away

❹ 1 下線部①は「彼女は原子爆弾の被害者ではありませんでしたが，被害者について学びました。」 thoughは「(〜である)けれども，〜にも関わらず」という意味で2つの文をつなぐ接続詞。ウのようにbutを使って，ほぼ同じ内容を表すことができる。

2 下線部②は「彼女は，私たちは彼ら(=原子爆弾からの生存者たち)の言葉を次の世代に伝えていくべきだと考えています。」 直前に書かれている内容がその理由。get older「ますます年老いていく」，year by year「年々，年ごとに」

3 ⓐ第2段落1文目と合う。
ⓑ第2段落2文目と合わない。
ⓒ第2段落3，4文目と合う。

❺ 1 「あなたはどのくらいの間日本に住んでいますか。」 How longで始めて，現在完了形(継続用法)の疑問文にする。

2 「私にとってギターをひくことは簡単です。」〈It is 〜 for + 人 + to + 動詞の原形 ....〉の形。

Unit4

pp.25-27　Step ②

❶ 1 科学技術　2 よく見られる，ありふれた
3 非常に，とても　4 表現，言い回し
5 もはや，これ以上
6 (質問・要求など)を出す，提起する
7 〜だと思う　8 〜を思い出す
9 daily　10 address　11 machine
12 foreign　13 skin　14 soft
❷ 1 イ　2 イ
❸ 1 イ, which　2 イ, who　3 ア, which
4 ア, who
❹ 1 with　2 to　3 of　4 in　5 for
❺ 1 up with　2 agree with　3 hates to

4 depend on　5 makes, laugh
❻ 1 I know the man who wrote the story.
2 I want a bag which is made in France.
3 He lives in a house that was built last year.
4 That girl who is talking with Ken is my sister.
5 The letter which is written in English is for me.
6 The book that has many pictures is useful.
❼ 1 私には書店を経営しているおばがいます。
2 私は私に英語を教えてくれるロボットが欲しいです。
3 今朝届いたEメールは父からでした。
4 彼女は(ひょっとして)図書館にいるかもしれません。
❽ 1 I have a friend who can make delicious cookies(.)
2 My father uses a device which helps him(.)
3 Cars that are made in Japan are popular(.)
❾ 1 I want a robot which cleans the bathroom.
2 Do you know a student who can play the piano well?
3 He has a letter that was written 100[a hundred] years ago.
4 Look at the boy and his dog that are running in the park.

考え方

❸〈名詞 + 関係代名詞 + 動詞 〜〉の部分を書き出すと，以下のようになる。

1 a song (which is loved by many people)「多くの人々に愛されている歌」

2 a person (who comes from Australia)「オーストラリア出身の人」

3 the photos (which were taken by Tom)「トムによって撮られた写真」

4 the boy (who is dancing there)
「あそこで踊っている少年」

❹ 1 disagree with ～「～と意見が合わない」

2 respond to ～「～に応答する，反応する」

3 a part of ～「～の一部」

4 in the near future「近い将来(において)」

5 be useful for ～ing「～するのに役に立つ，有用な」

❺ 1 「～を思いつく，見つける」= come up with ～

2 「～に賛成する」= agree with ～

3 「～することを嫌に思う」= hate to ～

4 「～に頼る，依存する」= depend on ～

5 「(人)に～させる」=〈make + 人 + 動詞の原形〉

❻ 英文の1文目にある名詞と2文目の主語(代名詞)は同じものを表す。この主語を関係代名詞に置きかえて，〈関係代名詞 + 動詞～〉が1文目の名詞に説明を加える形にする。

1 I know the man (who wrote the story).

2 I want a bag (which is made in France).

3 He lives in a house (that was built last year).

4 That girl (who is talking with Ken) is my sister. 4～6は関係代名詞以下が主語を説明。

5 The letter (which is written in English) is for me.

6 The book (that has many pictures) is useful.

❼ 1～3 関係代名詞を含んだ文を日本語にする問題は，関係代名詞以下のどこまでが前の名詞に説明を加えている部分かを考える。

1 an aunt (who runs a bookstore).
「(書店を経営している)おば」

2 a robot (which teaches me English).
「(私に英語を教えてくれる)ロボット」

3 the e-mail (that arrived this morning)
「(今朝届いた)Eメール」

4 mightは「(ひょっとして)～かもしれない」という推量の意味を表す。

❽ 1 関係代名詞whoを使って「とてもおいしいクッキーを作ることができる友達」の部分

を a friend (who can make delicious cookies)の語順にする。

2 関係代名詞whichを使って「彼を助けるデバイス」の部分をa device (which helps him)の語順にする。

3 関係代名詞thatを使って「日本で作られている車」の部分をcars (that are made in Japan)の語順にする。「日本で作られている」を受け身の文で表す。

❾ 1 「浴室を掃除するロボット」= a robot (which cleans the bathroom)

2 「ピアノを上手にひくことができる生徒」= a student (who can play the piano well)

3 「100年前に書かれた手紙」= a letter (that was written 100 years ago)

4 「公園で走っている少年と彼の犬」= the boy and his dog (that are running in the park)　the boy and his dogは複数なので，that以下の部分のbe動詞はareになる。

pp.28-29　Step ❸

❶ 1 came up with　2 hate to　3 depends on

❷ 1 Do you know the person who took this photo(?)

2 I want to make machines which help sick people(.)

3 The girl that is playing the guitar is my daughter(.)

❸ 1 ①ウ　③ア　2 ②イ　④エ

❹ 1 ①made　②lives

2 Smartphones which respond to voice commands

3 **自動的に家を掃除するロボット**　4 **イ**

❺ 1 (例)I want a robot which helps me with my homework.

2 (例)I have a friend who is good at playing basketball.

考え方

❶ 1 「～を思いつく，見つける」= come up with ～
comeを過去形cameにする。

2 「〜することを嫌に思う」= hate to 〜

3 「〜に頼る，依存する」= depend on 〜

❷ 1 関係代名詞whoを使った文。〈名詞＋who＋動詞 〜〉の形で「この写真を撮った人」の部分をthe person (who took this photo)で表す。

2 関係代名詞whichを使った文。〈名詞＋which＋動詞 〜〉の形で「病気の人々を助ける機械」を machines (which help sick people)で表す。

3 関係代名詞thatを使った文。〈名詞＋that＋動詞 〜〉の形で「ギターをひいている女の子」をthe girl (that is playing the guitar)で表す。この部分が文全体の主語。

❸ 1 ①「私には英語を話すことが上手ではない日本人の友人が何人かいます。」という文。some Japanese friendsという「人」に説明を加える形にするので，whoを選ぶ。

③「私たちが外国の人々と話すのを助ける翻訳機は便利です。」という文。関係代名詞を使ってtranslation devicesという「もの」に説明を加える形にするので，whichを選ぶ。

2 ②ケンの発言はトムの意見に賛成した内容なので，I agree with you「私はあなたに賛成します」を選ぶ。

④エミの発言は，直前のケンの意見「もしその機械を使うなら，私たちは外国語を学ぶ必要はありません。」とは反対の意見なので，I disagree with you「私はあなたに反対します」を選ぶ。

❹ 1 ①hasの後を過去分詞にして現在完了形にする。makeの過去分詞はmade。
②複数形にする。lifeの複数形はlives。

2 「声の指令に応答するスマートフォンは最近よく見られます。」という文。関係代名詞whichを使って〈名詞＋which＋動詞 〜〉の語順にする。respond to 〜「〜に応答する，反応する」

3 本文4〜5行目のRobots which 〜.の文参照。

4 本文中に挙げられているのは，インターネット検索エンジン（3文目），スマートフォン（4文目），お掃除ロボット（5文目）の3つ。

❺ 1 I want a robot which 〜.という文を作る。whichの後の動詞は3人称単数現在形。

2 I have a friend who is good at 〜(ing).という文を作る。

Let's Read 2 〜 Daily Life 3

p.31 **Step 2**

❶ 1 〜を想像する **2** 人，人間 **3** 国際的な
4 危険な **5** live **6** body **7** save
8 north

❷ 1 × **2** ◯ **3** ×

❸ 1 and more **2** and again
3 made friends **4** free to
5 make, come true

❹ 1 I helped my father wash his car.
2 Let me know your address.
3 My mother made me go to the post office.

考え方

❸ 1 「ますます」= more and more
2 「何度も何度も」= again and again
3 「〜と友達になる，〜と親しくなる」= make friends with 〜
4 「遠慮なく〜する」= feel free to 〜
5 「(もの)を〜させる」は〈make＋もの＋動詞の原形〉の形で表す。「実現する」= come true

❹ 1 〈help＋人＋動詞の原形〉の文を作る。「彼の車を洗う」= wash his car
2 「私に〜を知らせて[教えて]ください。」はLet me know 〜.で表す。
3 〈make＋人＋動詞の原形〉の文を作る。「人」はmeの形。「行かせました」なので，makeは過去形madeにする。

pp.32-33 **Step 3**

❶ 1 make friends with **2** part of
3 free to

❷ 1 He created a variety of ideas(.)
2 He helped me carry the box(.)

❸ ①supported ②come ③helps
④talking

❹ 1 ⓐ彼の指の小さい動き
ⓑロボットの目から送られる生(放送)の動画

2 was difficult for Mr. Nagahiro to start

3 ⓐ○ ⓑ× ⓒ○

❺ 1 (例)My dream is to be a Japanese teacher in Australia.

2 (例)I'll[I will] study both English and Japanese hard.

考え方

❶ 1 「〜と友達になる，〜と親しくなる」= make friends with 〜

2 「〜の一員でいる」= be part of 〜

3 「遠慮なく〜する」= feel free to 〜

❷ 1 a variety of 〜「いろいろの[な]〜」

2 「(人)が〜するのを手伝う」は〈help + 人 + 動詞の原形〉の語順にする。

❸ 1 ①「人々は〜するロボットによって支援されています」 受け身の文なので，過去分詞supportedとする。

②「ロボットはどのように人々の夢を実現させますか。」「実現する」= come true「(もの)に〜させる」は〈make + もの + 動詞の原形〉の形になるので，原形comeのままでよい。

③「これはあなたが英会話を学ぶのを手伝うロボットです。」 主語の関係代名詞thatは前のa robot(3人称単数)を受けるので，動詞はhelpsの形にする。

④「何度も何度もそれに話しかけることによって，〜」 前置詞byの後ろの動詞は-ing形(動名詞)にする。

❹ 1 下線部①のある文は「この方法で，彼はカフェに来る客に食事を出すことができます。」という意味。直前の2文にその方法が述べられている。

2 「永廣(ながひろ)さんが客と会話を始めることは困難でした」 〈it is 〜 for + 人 + 動詞の原形 ...〉の語順にする。過去の文なので，wasを

使っている。

3 ⓐ本文1文目参照。

ⓑ本文第2段落2文目に「彼はカフェのような場所での経験があまりありませんでした。」とある。

ⓒ本文最後の2文参照。

❺ 1 「あなたの夢は何ですか。」という質問。「私の夢は〜することです。」という形で答える。「〜すること」は不定詞で表す。解答例の訳：「私の夢はオーストラリアで日本語教師になることです。」

2 「あなたの夢を実現させるためにあなたは何をしますか。」という質問。I will 〜.の文で答える。解答例の訳：「私は英語と日本語の両方を懸命(けんめい)に勉強します。」

Unit 5 〜 Daily Life 4

`pp.36-39` `Step ❷`

❶ 1 ひどい 2 〜を貸す

3 プラスチック製の，ビニール(製)の

4 廃棄物，ごみ 5 〜でさえ 6 その代わりに

7 (困難・課題など)を解決する，〜を打開する

8 〜を投げる，放り出す 9 〜を集める

10 呼吸する，息をする 11 dirty

12 recycle[reuse] 13 major[main]

14 paper 15 light 16 effort 17 article

18 social

❷ 1 イ 2 イ

❸ 1 break 2 take 3 replace

4 make 5 pick 6 focus

❹ 1 throw, away 2 up on 3 pair of

4 before yesterday 5 kind of

6 well as 7 turn off 8 made from

9 you see 10 are hurt

❺ 1 イ 2 ア 3 イ

❻ 1 This is a photo which Ken took in Kyoto.

2 The novel which she wrote is famous.

3 These are the cushions that Miki made.

4 The man that I asked the way to the station was kind.

5 I'll talk about a movie I saw yesterday.

6 The book I borrowed from the library was useful.

❼ 1 私たちはたった1日で多くの水を使います。

2 浜辺のビニール袋(ぶくろ)はどうなるでしょう。

3 このグラフは1人についてのごみの合計を示しています。

4 私がウェブサイトで見つけた写真を見てください。

5 彼(かれ)が始めた運動は世界を変えました。

❽ 1 I have a sister who goes to high school(.)

2 This is a robot which works at home(.)

3 Pochi is a dog that is loved by Mika(.)

4 Tokyo is a city which many people visit(.)

5 The cap that you gave me is cool(.)

6 The most important thing babies should do is sleeping(.)

❾ 1 I have a friend who wants to be[become] an engineer.

2 These are pictures which I took last week.

3 The language that they speak is French.

4 The article I read yesterday was interesting.

考え方

❸ 1 「分解される」= break down

2 「行動する」= take action

3 「〜を…と取り替(か)える」= replace 〜 with ...

4 「努力する」= make an effort

5 「〜を拾い上げる」= pick up 〜

6 「〜を重点的に取り扱う」= focus on 〜

❹ 1 「〜を捨てる」= throw 〜 away

2 「〜に見切りをつける, 見捨てる」= give up on 〜　give up「諦(あきら)める」も覚えておこう。

3 「1組の〜」= a pair of 〜　靴の片方だけならば, a shoeで表す。「2足の靴」はtwo pairs of shoesとなり, pairを複数形pairsにする。

4 「おととい」= the day before yesterday

5 「〜のようなもの」= a kind of 〜　このkindは「種類」という意味の名詞。

6 「…だけでなく〜も」= 〜 as well as …　日本語との語順の違(ちが)いに注意。

7 「(テレビ, 明かりなど)を消す」= turn off 〜

8 「〜から作られている」〔原料〕= be made from 〜

9 「知ってのとおり, おわかりでしょうが」= you see

10 「〜によって傷つけられる」= be hurt by 〜

❺ 1 〈名詞+(which+主語+動詞 〜)〉で, 名詞the songにwhich以下が説明を加える形になる。

2 〈名詞+(that+主語+動詞 〜)〉で, 名詞the manにthat I saw at the restaurantまでが説明を加える形になる。

3 名詞a paintingにI painted last yearが説明を加える形になる。

❻ 1〜**4**は〈関係代名詞+主語+動詞 〜〉が前の名詞に説明を加える形にする。**5 6**は関係代名詞を使わずに, 〈主語+動詞 〜〉が前の名詞に説明を加える形にする。

1 This is a photo (which Ken took in Kyoto).

2 The novel (which she wrote) is famous.

3 These are the cushions (that Miki made).

4 The man (that I asked the way to the station) was kind.

5 I'll talk about a movie (I saw yesterday).

6 The book (I borrowed from the library) was useful.

❼ 1 singleは「たった1つの」という意味を表す語で, in a single dayは「たった1日で」。

2 What happens to 〜?「〜はどうなるでしょう。」

3 showはグラフや表などの内容を説明するときに「〜を示している」という意味で使われる。the amount of 〜「〜の総計, 合計」, per person「1人につき，1人当たり」

4 that以下が名詞a pictureに説明を加えている。
a picture (that I found on the website)
「(私がウェブサイトで見つけた)写真」

5 〈主語＋動詞〉のhe startedが前の名詞the movementに説明を加えている。the movement (he started)「(彼が始めた)運動」

❽ 1〜3は，関係代名詞who, which, thatが名詞に続く文の主語になっている。

1 〈名詞＋who＋動詞 〜〉の語順にする。「(高校に通う)姉」＝a sister (who goes to high school)

2 〈名詞＋which＋動詞 〜〉の語順にする。「(家で働く)ロボット」＝a robot (which works at home)

3 〈名詞＋that＋動詞 〜〉の語順にする。「(ミカに愛されている)犬」＝a dog (that is loved by Mika)

4 5は，関係代名詞which, thatが名詞に続く文の目的語になっている。

4 〈名詞＋which＋主語＋動詞 〜〉の語順にする。「(多くの人が訪れる)都市」＝a city (which many people visit)

5 〈名詞＋that＋主語＋動詞 〜〉の語順にする。「(あなたが私にくれた)帽子」＝the cap (that you gave me)

6 関係代名詞を使わない文。助動詞shouldがあるので，〈名詞＋主語＋助動詞＋動詞 〜〉の語順にする。「最も大切な」は最上級most importantにする。「(赤ちゃんがするべき)最も大切なこと」＝the most important thing (babies should do)

❾ 1「(エンジニアになりたいと思っている)友達」→a friend (who wants to be an engineer)

2「(私が先週撮った)写真」→pictures (which I took last week)

3「(彼らが話す)言語」→the language (that they speak)

4「(私がきのう読んだ)記事」→the article (I read yesterday)

本文 pp.38-41

pp.40-41 **Step ❸**

❶ 1 give up on **2** to turn off **3** as well as

❷ 1 This is a picture that I found on a website(.)
2 The movie we saw was boring(.)
3 The computer which I use at my house is old(.)

❸ 1 ①an effort to reduce
④which are made from
2 ②ア ③エ

❹ 1 ①thrown ②polluting
2 彼女たちが始めた運動はソーシャル・メディアによって広まりました。
3 ビニール袋を禁止すること
4 ⓐ× ⓑ○

❺ (例) I want to turn off lights at home when I don't use them.

考え方

❶ 1「〜を見捨てる」＝give up on 〜
2「(テレビ，明かりなど)を消す」＝turn off 〜
3「…だけでなく〜も」＝〜 as well as …

❷ 1 日本語に「あれは，あの」がないので，thatは関係代名詞。「私がウェブサイトで見つけた写真」の部分をa picture that I found on a websiteの語順にする。
2 与えられた語(句)の中には関係代名詞はないので，「私たちが見た映画」を〈名詞＋主語＋動詞〉の形the movie we sawで表す。この部分が文全体の主語になるので，その後にwas boringと続ける。
3 関係代名詞whichを使った文を作る。「私が家で使っているコンピュータ」の部分をthe computer which I use at my houseの語順にする。この部分が文全体の主語になる。

❸ 1 ①「私たちはプラスティックごみを減少させるために努力するべきです。」make an effort「努力する」
④「私たちは木綿や木材のような天然素材

13

から作られているものを使うでしょう。」whichは関係代名詞。〈which＋動詞 〜〉が前の名詞thingsに説明を加える形になる。

2 会話文ではプラスチックごみを減少させることが話題となっているので，②は，「私たちは店に袋を紙の袋に変えるように頼むことができると思います。」，③は「もし私たちがビニール製の袋や容器を使うことをやめたら，〜」が適切。

❹ 1 ①「バリ島では，観光客や住民によってビニール袋が捨てられていました。」という受け身の文。「〜を捨てる」＝ throw 〜 away　throwの過去分詞はthrown。
②「それらは（＝plastic bags）浜辺を汚染していました。」という過去進行形の文。pollute「汚染する」の-ing形はpolluting。

2 thatは関係代名詞で，〈that＋主語＋動詞〉のthat they sartedが名詞the movementに説明を加えている。ここまでが文全体の主語となる。spread「広まる」は過去形，過去分詞も同形で，ここでは過去形。throughは「〜を通じて，〜によって」。

3 本文3文目のto ban plastic bagsの部分。

4 ⓐ本文1文目に「観光客と住民によって」とあるので×。
ⓑ本文最終文と合う。

❺ Iを主語にして，「私は〜します。」またはI want to 〜.「私は〜したいと思います。」という文を作る。自分が環境に優しいと思う内容を書こう。解答例の訳：「私は使っていないときは，家で明かりを消したいです。」

Unit 6 〜 You Can Do It! 2

pp.43-45　Step 2

❶ 1 〜している間に　2 〜まで（ずっと）
3 〜を招く，〜を招待する
4 〜をデザインする　5 〜の特徴を述べる
6 変な，いつもと違う，奇妙な
7 chorus　8 contest　9 trouble
10 woman　11 news　12 monkey
13 ear　14 T-shirt

❷ 1 ×　2 ×　3 ○
❸ 1 ウ　2 イ　3 ア　4 ウ
❹ 1 私たちは400年前に建てられた城を見ました。
2 窓のそばに立っている男の人は誰ですか。
3 あなたは彼女がどこの出身か知っていますか。
❺ 1 the matter　2 in trouble　3 few days
4 have, idea　5 piece of　6 move to
7 the beginning
❻ 1 the girl talking　2 taken by, are
3 who she is　4 we can do
5 where he lives　6 why you went
❼ 1 The girls dancing on the stage are my friends(.)
2 He is reading a letter written by Ken(.)
3 Tell me what you are making(.)
4 I know when the train will arrive(.)
5 Do you know where he got the pen(?)
❽ 1 Who is the teacher playing the piano?
2 Kyoto is a city visited by many[a lot of] people.
3 I want to know what we should do.
4 when your birthday is
5 Do you know who is swimming in the pool?
6 I don't[do not] know what is happening here now.

考え方

❸ 1 「この国で話されている言語は英語です。」「話されている」を過去分詞spokenで表す。
2 「あなたはステージ上で歌っている女の子が見えますか。」「歌っている」は動詞の-ing形singingで表す。
3 「私はこれが何か知っています。」疑問詞whatの後は〈主語＋動詞〉の語順になるのでthis is。
4 「あなたはなぜこのミュージカルが好きなのか私に話してください。」疑問詞の後は〈主語＋動詞 〜〉の語順になるのでyou like this musical。
❹ 1 builtはbuild「〜を建てる」の過去分詞。

built以下が名詞a castleに説明を加えている。

2 standing以下が名詞the manに説明を加えている。beside 〜「〜のそばに[の], 〜の隣に[の]」

3 Do you know 〜?「あなたは〜を知っていますか。」の「〜」の部分に疑問文が組み込まれている。元の形はWhere is she from?「彼女はどこの出身ですか。」。

❺ 1 「どうかしましたか。」＝ What's the matter?

2 「困ったことになっている」＝ be in trouble

3 「数日」→「少しの日数」「少しの〜」はa few 〜で表し, 数えられる名詞の前に使う。

4 「考えがある」→「アイデアを持っている」と考えてhave an ideaとする。

5 「1切れの〜」＝ a piece of 〜 「〜」にくる名詞は数えられない名詞。

6 「〜に引っ越す」＝ move to 〜

7 「〜のはじめに」＝ at the beginning of 〜

❻ 1 動詞の-ing形で始まる語句が後ろから名詞に説明を加える形にする。「あなたはジョンと話している女の子が見えますか。」

2 過去分詞で始まる語句が後ろから名詞に説明を加える形の文にする。「彼によって撮られたこれらの写真は美しいです。」

3～6 疑問詞で始まる疑問文を文の一部に組み込む。〈疑問詞＋主語＋動詞〜〉の語順に。

3 「私は彼女が誰か知りたいです。」 Who is she?→who she is

4 「私は, 私たちが何ができるのかわかりません。」What can we do?→what we can do

5 「あなたは彼がどこに住んでいるのか知っていますか。」 Where does he live?→where he lives

6 「あなたがなぜそこへ行ったのか私に話してください。」 Why did you go there?→why you went there

❼ 1 The girls dancing on the stage are my friends.

2 He is reading a letter written by Ken.

3 Tell me 〜.「〜を私に話してください。」の〜

にwhat you are making「あなたが何を作っているのか」を入れる。

4 I know 〜.「私は〜を知っています。」の〜にwhen the train will arrive「その電車がいつ到着するのか」を入れる。

5 Do you know 〜?「あなたは〜を知っていますか。」という疑問文の〜にwhere he got the pen「彼がどこでそのペンを手に入れたのか」を入れる。

❽ 1 「〜は誰ですか。」はWho is 〜?の疑問文で表す。「（ピアノをひいている）先生」は the teacher (playing the piano)の形にする。

2 Kyoto is 〜.で文を始める。「（多くの人々によって訪れられる）都市」はa city (visited by many people)の形にする。

3 I want to know 〜.「私は〜を知りたいです。」の〜にwhat we should do「私たちが何をするべきか」を入れる。

4 Tell me 〜.「〜を私に話してください。」の〜にwhen your birthday is「あなたの誕生日はいつか」を入れる。

5 6 疑問詞が「誰が」「何が」のように主語の場合は, 文中に入っても語順は変わらない。
Who is swimming in the pool?
Do you know who is swimming in the pool?

pp.46-47 **Step 3**

❶ 1 piece of **2** take, nap

❷ 1 He bought a car made in Japan(.)

2 Who is the boy playing the drums(?)

3 Do you know what she is reading(?)

❸ 1 ①エ ⑤イ **2** ②ア ③イ ④ウ ⑥ウ

❹ 1 日本を去らなければならない

2 Tell us why you're leaving(.) **3** to

4 ⓐNo, she doesn't.
ⓑAt the beginning of March.

❺ 1 (例)The girl running in the park is my sister.

2 (例)Tell me where you live (, please).

15

考え方

❶ 1 「（切り分けたもののうちの）1切れの（ケーキ）」
= a piece of (cake)

2 「昼寝をする」= take a nap

❷ 1 「（日本で作られた）自動車」の部分は，過去分詞で始まる語句が前の名詞に説明を加える形にする。a car (made in Japan)となる。

2 「〜は誰ですか。」という文なので，who は疑問詞として使う。「（ドラムを演奏している）男の子」の部分を動詞の-ing形で始まる語句が前の名詞に説明を加える形の the boy (playing the drums)とする。

3 Do you know 〜?「あなたは〜を知っていますか。」の〜に入る「彼女が何を読んでいるのか」を〈疑問詞＋主語＋動詞〉の語順にする。

❸ 1 ①What's the matter?「どうかしましたか。」
⑤I have an idea.「私に考えがあります。」

2 ②be in trouble「困ったことになっている」
③while 〜「〜している間に」
④a few 〜「少数の〜」 only a few days で「数日だけ」という意味になる。
⑥前の名詞two peopleに説明を加える部分で「1台のピアノをひいている」という意味になるので，動詞の-ing形playingを選ぶ。

❹ 1 下線部①の「悪い知らせ」とは，直後にTina が述べていること。

2 「あなたがなぜ去るのかを私たちに話してください。」という文。

3 move to 〜「〜に引っ越す」

4 ⓐ「Tinaは幸せそうに見えますか。」
ⓑ「Tinaはいつ出発しますか。」 本文最後のHajinとTinaとのやり取り参照。

❺ 1 「（公園で走っている）少女」をthe girl (running in the park)で表す。この部分が主語なので，is my sisterを続ける。

2 Tell me 〜.「私に〜を話してください。」の〜に「あなたがどこに住んでいるのか」を〈疑問詞＋主語＋動詞〉の語順で入れる。

Unit 7 ～ World Tour 2

pp.49-51 **Step ❷**

❶ 1 冒険，はらはらする経験
2 (文化的，社会的役割としての)性，ジェンダー
3 心配，不安 4 総理大臣 5 大学 6 教育
7 suddenly 8 expect 9 America
10 Asia 11 Europe 12 memory

❷ 1 ア 2 イ ❸ 1 ウ 2 イ 3 イ 4 ア

❹ 1 of 2 with 3 from 4 to

❺ 1 make, speech 2 felt down
3 Fast forward 4 build, fire
5 truth is 6 found, out 7 thanks to
8 while 9 than, billion

❻ 1 what to 2 how to 3 If, had

❼ 1 私は牛乳がそれほど好きではありません。
2 私は着物の着方を習いたいです。
3 私は彼に何と[を]言うべきか[言えばいいか]わかりませんでした。
4 もし私が祖母と一緒に暮らしていたら，彼女を手伝う[助ける]ことができるのに。

❽ 1 We learned how to save time(.)
2 If Tom lived near here, I would visit
3 If I were you, I wouldn't do

❾ 1 Do you know how to use this computer?
2 My grandparents know what to see in Kyoto.
3 If I were a bird, I could fly there.

考え方

❸ 1 what to do「何をするべきか」
2 how to make 〜「〜の作り方」
3 「もし私が宇宙へ行くことができたら」と現実と違うことを仮定する文。If Iに続く部分は助動詞canの過去形couldにする。
4 「もし私があなただったら」と現実と違うことを仮定する文。If Iに続く部分のbe動詞の過去形は，主語がIでもwereにする。

❹ 1 be full of 〜で「〜いっぱいの」という意味。
2 fill 〜 with ...で「〜を…で満たす」という意味。受け身の形で 〜 be filled with ...「〜は…

でいっぱいだ」という使われ方もする。

3 graduate from ～は「～を卒業する」。

4 have access to ～で「～を利用できる，～が手に入る」という意味。

❺ 1 「スピーチをする」＝ make a speech

2 「落ち込む」＝ feel down　feelの過去形はfelt。

3 〈fast forward＋期間〉で「はや～がたち」。

4 「火を起こす」＝ build a fire

5 The truth is (that) ～.で「実は［本当は］～です。」という意味を表す。thatの後ろに〈主語＋動詞 ...〉が続く。

6 「～を知る，～を得る」＝ find ～ out　findの過去形はfound。

7 「～のおかげで」＝ thanks to ～

8 接続詞whileは「～している間に…」という意味のほかに「～，だが一方で…」と物事を並べて対比させるときにも使われる。

9 「～より（さらに）多くの」＝ more than ～　billionは「10億（の）」という意味で，「75億（の）」＝ 7.5 billionとなる。

❻ 1 「パーティーに何を持っていくべきかあなたはわかりますか。」　下線部をwhat to ～を使って表す。

2 「私はどうしたら美術館に行くことができるのかわかりません。」　下線部をhow to ～を使って表す。

3 「私は十分なお金を持っていないので，このすてきなバッグを買うことができません。」書き替えた文の後半がcould buy ～となっているので「もし十分なお金を持っていたら，このすてきなバッグを買うことができるのに。」という仮定法の文にする。Ifで始めて動詞は過去形had。

❼ 1 否定文でnotの後にreallyがあるときは「それほど～でない」という意味を表す。「全く好きではない」という意味ではないので注意する。

2 how to wear ～は「～の着方」という意味。

3 what to sayは「何と言うべきか」という意味。

4 If Iに続く動詞が過去形lived，後半にcould helpがあるので，現実とは違う仮定を表す文。「もし～だったら，…することが

できるのに。」という意味。

❽ 1 「～を節約する方法」をhow to save ～で表す。

2 「トムはこの近くに住んでいない」という現実とは違う仮定を表す文。If Tomに続く動詞は過去形lived。コンマの後は〈主語＋would＋動詞の原形（visit）～〉とする。

3 仮定法の文。前半の「もし私があなただったら」は，過去形wereを使ってIf I were youとし，後半は「しないのに」と否定の意味であることから，would not の短縮形wouldn't の後に動詞の原形doを続ける。

❾ 1 「このコンピュータの使いかた」＝ how to use this computer

2 「何を見るべきか」＝ what to see

3 「もし私が鳥だったら～」という現実と違う仮定の文。be動詞の過去形wereを使ってIf I were a birdとする。後半は〈主語＋could＋動詞の原形（fly）～〉と続く。

pp.52-53　Step ❸

❶ 1 different from　2 order to　3 let me

❷ 1 I can't remember how to fold a paper crane(.)

2 If you had a big ship, what would you do(?)

3 what would I look like

❸ 1 ①イ　②ア　2 ①イ　②ア

❹ 1 イ

2 **尊重すること，理解しようと努力することが大切だ**

3 ア

4 There's no need to worry(.)

❺ **(例)**My best memory is the chorus contest. Everyone practiced very hard and helped each other. Our class won first prize, so we were very happy.

考え方

❶ 1 「～と違っている」＝ be different from ～

2 「～するために」＝ in order to ～　to ～とも表せる。

❸ 1 「人に～を教える」→「人に～を知らせる」と
考え，〈let＋人＋know ～〉で表す。許可して
「(人・もの)に～させる」という意味を表す〈let
＋人・もの＋動詞の原形〉の形を使った表現。

❷ 1 「折りづるを折る」＝fold a paper crane

2 仮定法の文。前半は過去形hadを使ってIf
you had a big shipとする。後半は「何を
しますか」なのでwhatで始まる疑問文。助
動詞のwouldを主語の前に置き，what
would you doとする。

3 仮定法の後半は，「私はどのように見える
でしょう」という疑問文。「～のように見え
る」は〈look like＋名詞〉の形で表す。「ど
のように見えるか」という疑問文だが，how
は使わず，what ～ likeの形になる。

❸ 1 ①next monthとあるので未来を表す文。
近い将来を現在進行形で表す。

②「はしの使い方」となるようhow toを選ぶ。

2 ①「きのうの自分に話す」という内容から，仮
定法の文。助動詞の過去形couldを選ぶ。

②what would you ～?に対する答えなの
で〈would＋動詞の原形〉。

❹ 1 直前の文のhappyの反意語のsadが適切。

2 直前の文の内容を日本語にする。

3 「３年前の自分(＝Tina)に話すことができる
なら」という仮定の文。

4 noを使ったThere is ～.の文。to worryが
前の名詞need「必要性」を説明する。

❺ 何の行事や活動かを明確に述べた後，誰とど
こで何をしたか，見たか，何が起きたか，ど
んな気持ちだったかなどを具体的に書くとよい。
時制を過去にすることやa，theなどの抜けに
注意する。解答例の訳：「私の最もよい思い
出は合唱コンクールです。みんなとても熱心
に練習し，お互いに助け合いました。私たち
のクラスが優勝したので，私たちはとてもうれ
しかったです。」

Let's Read 3

p.55 **Step 2**

❶ 1 誰か，ある人 2 政府

3 ～の方へ，～に向かって 4 富，財産

5 記者，ニュースレポーター

6 北の，北にある 7 forever 8 dead

9 goal 10 fight

❷ 1 ア 2 イ

❸ 1 afraid to 2 as if 3 bring, back

4 willing to 5 work, out

❹ 1 私はできる限り最善を尽くします。

2 彼女はそこに行きませんでしたし，私も行き
ませんでした。

3 私たちの先生は私たちに生物を傷つけない
ように教えました。

考え方

❸ 1 「～するのが怖い」＝be afraid to ～

2 「まるで～であるかのように」＝as if ～ as
if ～は仮定法で～の部分を過去形で表すが，
口語ではこの問題のように現在形を使う。

3 「～を(元の状態に)戻す[回復させる]」＝
bring ～ back

4 「～するのをいとわない」＝be willing to ～

5 「～を解決する，～をうまくいかせる」＝work
～ out

❹ 1 I'll do the best (that) I can (do).のよう
に( )内を補って考える。do the best「最
善を尽くす」のthe bestにI canが説明を
加えている。

2 neitherは「～もまた(…し)ない」という意味で，
〈neither＋(助)動詞＋主語〉の語順で用いる。

3 taughtはteachの過去形。〈teach＋人＋not
to＋動詞の原形〉で「(人)に～しないように教える」。

pp.56-57 **Step 3**

❶ 1 afraid to 2 as if

❷ 1 My mother told me not to watch TV(.)

2 We learned about animals dying
across

❸ ①ア ②エ ③イ ④ウ

❹ 1 living

2 もし私が裕福だったら，全てのストリート
チルドレンに食べ物，衣服，薬

3 who[that]

4 (ブラジルの)路上で暮らす子供(の1人)

❺ **1** (例)Please teach me how to play the guitar.

2 (例)The book (which[that]) I read yesterday was interesting.

考え方

❶ **1** 「～するのが怖い」= be afraid to ～

2 「まるで～であるかのように」= as if ～

❷ **1** 「(人)に～しないように言う」は〈tell＋人＋not to＋動詞の原形〉。

2 dyingはdie「死ぬ」の-ing形。animalsを説明するdying across the world「世界中で死に絶えようとしている」を後に続ける。

❸ ①how to behave「振る舞い方」

②fight with others「他人と争う」

③work things out「物事を解決する」

④hurt other creatures「ほかの生き物を傷つける」

❹ **1** livingにしてliving on the streetsがsome childrenに説明を加える形にする。

2 wereの後ろに直前の文にあるrichを補って考える。if I were, I would ....は現実とは違う仮定「もし～だったら，…するのに」。

3 直前のthe streetではなく，その前のa childをwho[that] has nothingが説明する形にする。

4 本文1～2行目参照。

❺ **1** Pleaseの後を〈teach＋人＋how to＋動詞の原形 ～〉の形にする。

2 「私がきのう読んだ本」はthe bookの後にI read yesterdayを直接続けるか，関係代名詞which[that]をIの前に入れてもよい。

Unit 8 ～ You Can Do It! 3

pp.59-61 **Step 2**

❶ **1** ～以内に[で]　**2** 野心のある，大望のある

3 いつもの　**4** 夜の12時　**5** 重要性

6 (記憶・所持品などが)大切な

7 friendship　**8** bored　**9** helpful

10 accept

❷ **1** イ　**2** イ　❸ **1** ウ　**2** ア　**3** イ

❹ **1** ウ　**2** ア　**3** イ

❺ **1** get bored　**2** keep in touch

3 all year round　**4** Have, trip

5 there for　**6** lost　**7** because of

❻ **1** I were　**2** wish he lived

3 could help you　**4** wish I had

5 wish I could stay　**6** I wish I could play

7 If I could swim

❼ **1** 多くのなじみの人たちが集まりました。

2 私の祖父母が私と一緒に住んでいたらいいのに。

3 私がもっと上手に英語を話すことができたらいいのに。

4 もしあなたがもっと懸命に練習したら，よいサッカー選手になることができるのに。

❽ **1** I wish these children were my students(.)

2 All I can say is I did my best(.)

3 I wish we could see you

4 he were a member of the team, we could win

❾ **1** I'm[I am] glad[happy] (that) you came here.

2 I wish I were a doctor.

3 I wish I had a car.

考え方

❸ 仮定法のI wish ～.の～部分は過去形で表す。

1 be動詞はwere。

2 haveの過去形hadになる。

3 〈could＋動詞の原形〉になる。

❹ **1** I don't like winter, either.ということ。

2 Cheers.は「ありがとう。」「さようなら。」のどちらの意味にも使われる。

3 贈り物を差し出すときの決まった言い方。

❺ **1** 「退屈する，飽きる」= get bored

2 「連絡を取り合う」= keep in touch

3 「一年中」= all year round　roundは「はじめから終わりまで」という意味の語。

4 「無事な旅を祈ります。」＝ Have a safe trip!

5 「〜の助け［支え］となる」＝ be there for 〜

6 「途方にくれた」＝ lost　lost は「道に迷った」という意味でも使う。

7 「（それは）あなたのおかげです。」と言うときは That's because of you. を使う。

❻ **1** I wish 〜. の仮定法の文では，〜の文の be 動詞は基本的に were を使う。

2 I wish 〜. の仮定法の文なので，〜の文の動詞を過去形 lived にする。

3 仮定法の〈If 〜,〉に続く部分が「〜することができるのに」なので，〈could ＋動詞の原形〉で表す。

4 「姉がいる」は have a sister。「いればいいのに」という仮定法なので，have の過去形 had を使う。

5 6 「〜することができたらいいのに」という仮定法なので，I wish に続く文では〈could ＋動詞の原形〉を使う。

7 「泳ぐことができたら」という仮定法なので，could swim を使う。

❼ **1** この face は「（〜の）人」を表す。

4 if を使った仮定法の文は「もし（今）〜だったら，…だろうに。」という意味を表す。

❽ **1** **3** I wish 〜. の仮定法の文。動詞の部分が **1** は were，**3** は could see と過去形になる。

2 all I can 〜で「私が〜できる唯一のこと」。

4 仮定法の文。If 〜部分は「もし〜一員ならば」なので，be 動詞 were を使う。その後の「勝つことができるのに」は can の過去形 could を使って，could win で表す。

❾ **1** 「〜をうれしく思う」＝ be glad (that) 〜

2 3 I wish 〜. の仮定法の文。〜の部分の動詞は過去形で，**2** は were，**3** は had を使う。

pp.62-63 **Step 3**

❶ **1** got bored　**2** all year　**3** there for

❷ **1** I wish she were my classmate(.)

2 I wish you lived near my house(.)

3 I wish I could make a robot(.)

❸ **1** ①イ　②ウ　**2** ①ア　②ウ

❹ **1** ① to　③ care

2 中学校に入学したときは途方にくれていた

3 イ

❺ **1** （例）Thank you for being my best friend.

2 （例）I wish you could live in Japan forever.

考え方

❶ **1** 「退屈する，飽きる」＝ get bored　過去の文なので，get は過去形 got を使う。

2 「一年中」＝ all year round

3 「〜の助け［支え］となる」＝ be there for 〜

❷ I wish 〜.「もし（今）〜だったらいいのに。」の仮定法の文。〜の部分を過去形で表している。

2 「私の家の近くに」＝ near my house

3 「〜を作ることができたらいいのに」は could make 〜となる。

❸ **1** ①前の Hajin の発言が否定文なので，「私も。」は Me, neither. となる。neither は「〜もまた（…ない）」を表す。

②仮定法 I wish 〜. の文で，後ろに動詞の原形 stay があるので，過去形の助動詞 could を選ぶ。

2 ① keep in touch「連絡を取り合う」

② Have a safe trip!「無事な旅を祈ります。」

❹ **1** ① thanks to 〜「〜のおかげで」

③ Take care! は手紙などの最後に「じゃあ，また。」という意味で使う。

2 下線部②で始まる that's because of you「あなたのおかげです」は，直前の2文の内容についての言葉。enter 〜は「〜に入学する」，feel lost は「途方にくれる」という意味を表す。

3 thanks to 〜や because of you という表現から，Tina のおかげで自分が成長したことへの感謝の気持ちが表されていることがわかる。

❺ **1** Thank you for の後の動詞は動名詞(-ing形)にする。「最もよい友達」＝ best friend

2 仮定法の I wish 〜. の文で表す。「住むことができたらいいのに」は could live を使う。

テスト前 ☑ やることチェック表

① まずはテストの目標をたてよう。頑張ったら達成できそうなちょっと上のレベルを目指そう。
② 次にやることを書こう（「ズバリ英語○ページ，数学○ページ」など）。
③ やり終えたら□に✔を入れよう。
　　最初に完ぺきな計画をたてる必要はなく，まずは数日分の計画をつくって，
　　その後追加・修正していっても良いね。

	目標		

	日付	やること1	やること2
2週間前	／	☐	☐
	／	☐	☐
	／	☐	☐
	／	☐	☐
	／	☐	☐
	／	☐	☐
	／	☐	☐
1週間前	／	☐	☐
	／	☐	☐
	／	☐	☐
	／	☐	☐
	／	☐	☐
	／	☐	☐
	／	☐	☐
テスト期間	／	☐	☐
	／	☐	☐
	／	☐	☐
	／	☐	☐
	／	☐	☐

テスト前 ☑ **やることチェック表**

① まずはテストの目標をたてよう。頑張ったら達成できそうなちょっと上のレベルを目指そう。
② 次にやることを書こう（「ズバリ英語〇ページ，数学〇ページ」など）。
③ やり終えたら□に✓を入れよう。
　最初に完ぺきな計画をたてる必要はなく，まずは数日分の計画をつくって，
　その後追加・修正していっても良いね。

目標

	日付	やること1	やること2
2週間前	／	☐	☐
	／	☐	☐
	／	☐	☐
	／	☐	☐
	／	☐	☐
	／	☐	☐
	／	☐	☐
1週間前	／	☐	☐
	／	☐	☐
	／	☐	☐
	／	☐	☐
	／	☐	☐
	／	☐	☐
	／	☐	☐
テスト期間	／	☐	☐
	／	☐	☐
	／	☐	☐
	／	☐	☐
	／	☐	☐

キリトリ線

英語3年　光村図書版

ズバリよくでる → 直前

チェック
BOOK

- テストに**ズバリよくでる**!
- **重要単語・重要文**を掲載!

英語

光村図書版
3年

赤
シートで
何度でも!

Unit 1 School Life Around the World

pp.9〜17

✓ 重要語チェック 英単語を覚えましょう。

□自転車	名bike	□脳，頭脳	名brain
□制服	名uniform	□ノックする	動knock
□〔theを付けて〕アラブ首長国連邦	名U.A.E.	□（場所・もの）に入る	動enter
		□（戸など）を閉める，（目・口など）を閉じる	動shut
□モスク	名mosque		
□teachの過去形，過去分詞	動taught	□規則	名rule
		□接近した，ごく近い	形close
□タブレット（PC）	名tablet		
□デバイス，装置，機械	名device	□赤道	名equator
		□千（の）	名形thousand
□腕輪	名bangle	□丘，小山	名hill
□イースターエッグ	名Easter egg	□十分な，必要なだけの	形enough
□ロシア	名Russia		
□〜させる	動let	□スケジュール	名schedule
□2度，2回	副twice	□〜を分ける，分割する	動divide
□技術，技能	名skill		
□〜を励ます，勇気付ける	動encourage	□（授業間の）休憩時間	名recess
		□スワヒリ語	名Swahili
□自信	名confidence	□公式の，正式の，公用の	形official
□〜を運ぶ	動carry		
□〜を数える	動count	□幼稚園	名kindergarten
□プリント，配布資料	名handout	□〜を移動させる	動shift
□〜を修理する	動fix		
□犬小屋	名doghouse		
□ウェブサイト	名website		
□〜中に，〜のあちこちで	前across		
□胃	名stomach		

✓ 重要文 チェック 日本語を見て英文が言えるようになりましょう。

□授業は英語またはアラビア語で教えられます。

The classes <u>are taught</u> in English or Arabic.

□私に，私の学校をあなたに案内させてください。

<u>Let me show</u> you my school.

□私たちの先生は，私たちが上演のために準備をするのを手伝います。

Our teachers <u>help us prepare</u> for performances.

□ブラウン先生は私たちに，それはおもしろいウェブサイトだと言いました。

Ms. Brown <u>told us (that)</u> it was an interesting website.

□私は歩いて通学しています。

I <u>walk to school</u>.

□私たちは来週，劇を上演します。

We will <u>put on a play</u> next week.

□そのホテルは湖のごく近くにあります。

The hotel is <u>close to</u> the lake.

□夜に，私たちはたくさんの星を見ました。

We saw a lot of stars <u>at night</u>.

□彼はここに来ないでしょう。なぜなら彼は忙しいからです。

He won't come here. <u>That is because</u> he is busy.

□このチームは2つのグループに分けられています。

This team <u>is divided into</u> two groups.

□彼らは3つの言語を学ぶ必要があります。

They <u>need to</u> learn three languages.

☑ 重要語 チェック 英単語を覚えましょう。

[Unit 2]

□風景，景色，景観 　　名scenery

□夕焼け 　　名sunset

□神社 　　名shrine

□恐れる，怖い 　　形afraid

□木でできた， 　　形wooden
　木製の

□完璧な，理想的な， 　　形perfect
　最高の

□調和，一致，和合 　　名harmony

□娯楽，遊び，遊具 　　名amusement

□遊園地 　　名amusement
　　　　　　　　　park

□忙しい 　　形busy

□路面電車（トラム） 　　名tram

□〔肯定の疑問文〕もう， 　　副yet
　〔否定文〕まだ～（ない）

□ホテル 　　名hotel

□leaveの過去形， 　　動left
　過去分詞

□急ぐ 　　動hurry

□～に食事を与える 　　動feed

□feedの過去形， 　　動fed
　過去分詞

□報道，報告 　　名report

□doの過去分詞 　　動done

□もう，既に 　　副already

□これまで，かつて， 　　副ever
　一度でも

□seeの過去分詞 　　動seen

□変わる 　　動change

□最近，近頃 　　副lately

□（元の場所・位置に） 　　動return
　戻る，帰る

□取引，契約 　　名deal

□beの過去分詞 　　動been

□人，人間，一個人 　　名person

□いくつかの 　　形several

□（人）にすすめる 　　動recommend

[Daily Life 2]

□パスポート，旅券 　　名passport

□裕福な，金持ちな 　　形rich

□セルフサービス 　　名buffet
　［バイキング］式の食事

□シンガポール 　　名Singapore

□天国，楽園 　　名paradise

□星の光，星明かり 　　名starlight

✓ 重要文 チェック 日本語を見て英文が言えるようになりましょう。

[Unit 2]

□私たちはついに宮島に着きました。

We <u>have</u> <u>finally</u> <u>arrived</u> in Miyajima.

□あなたはもうあなたの写真を確かめましたか。

<u>Have</u> you <u>checked</u> your photos <u>yet</u>?

　―はい，確かめました。／いいえ，確かめていません。

― Yes, <u>I</u> <u>have</u>. / No, <u>I</u> <u>haven't</u>.

□路面電車はまだ出発していません。

The tram <u>hasn't</u> <u>left</u> yet.

□あなたはこれまでにあのような彼を見たことがありますか。

<u>Have</u> you <u>ever</u> <u>seen</u> him like that?

　―はい，あります。／いいえ，一度もありません。

― Yes, <u>I</u> <u>have</u>. / No, <u>never</u>.

□私はあんな美しい夕焼けを一度も見たことがありません。

<u>I've</u> <u>never</u> <u>seen</u> such a beautiful sunset.

□私の弟は犬を怖がります。

My brother <u>is</u> <u>afraid</u> <u>of</u> dogs.

□それは少しも難しくありません。

It's <u>not</u> difficult <u>at</u> <u>all</u>.

□さあさあ，君たち。行きましょう。

<u>Come</u> <u>on</u>, guys. Let's go!

□ちょっと待ってください。

<u>Wait</u> <u>a</u> <u>minute</u>!

□急いで。

<u>Hurry</u> <u>up</u>.

□トムはどうしたのですか。

<u>What's</u> <u>up</u> <u>with</u> Tom?

□〔物を差し出して〕はい，ここにあります。

<u>Here</u> <u>you</u> <u>are</u>.

□私はすぐあなたに追いつきます。

<u>I'll</u> <u>catch</u> <u>up</u> <u>with</u> you soon.

□たいしたことではありません。

It's <u>no</u> <u>big</u> <u>deal</u>.

□私はあんな高い山に登ることはできません。

I can't climb <u>such</u> <u>a</u> <u>high</u> mountain.

□あなたは何回その本を読んだことがありますか。

<u>How</u> <u>many</u> <u>times</u> have you read the book?

5

✓ 重要語 チェック 英単語を覚えましょう。

[Unit 3]

□平和	名peace
□(人に)思い出させる	動remind
□誰か, 誰でも	代anyone
□〜以来, 〜から(ずっと)	前since
□knowの過去分詞	動known
□〜をはっきり理解する, 悟る	動realize
□特に, とりわけ	副especially
□若い	形young
□〜を創造する, 生み出す	動create
□よりよい, より望ましい〔goodの比較級〕	形better
□半分の	形half
□1時間, 60分	名hour
□世紀	名century
□平和な	形peaceful
□しかしながら, けれども	副however
□食事, 料理	名meal
□必要な, なくてはならない	形necessary
□〜だけで, 一人で, 単独で	副alone
□〜を持たずに, 〜なして	前without
□個人的な, 本人自身の	形personal

□〜を集める, 募る	動collect
□金, 金銭	名money

[Let's Read 1]

□心配して	形worried
□橋	名bridge
□音, 物音, 騒音	名noise
□濃い, (空気が)汚れた	形thick
□煙	名smoke
□火, 炎	名fire
□〜を掘る	動dig
□穴	名hole
□ガラス	名glass
□ジャガイモ	名potato
□枝	名branch
□(生徒の)成績, 評定	名grade
□優秀な, (評点が)優の	形excellent
□おもちゃ, 玩具	名toy
□飛行機	名plane
□道路, 道	名road
□終わる	動end

[World Tour 1]

□ゾウ	名elephant
□消滅する, なくなる	動disappear

[You Can Do It! 1]

□(車の)往来, 交通(量)	名traffic

☑ **重要文** チェック 日本語を見て英文が言えるようになりましょう。

[Unit 3]

□ドームは70年を超える間，ずっとこのままです。

The Dome **has been** like this **for** over 70 years.

□あなたはどのくらいの間ボランティアをしていますか。

How long have you **been** a volunteer?

―私は2000年からずっとボランティアをしています。

― **I've been** a volunteer **since** 2000.

□私は私たちの広島への旅行についてずっと考えています。

I've been thinking about our trip to Hiroshima.

□私たちにとって過去について学ぶことは大切です。

It's important **for us to learn** about the past.

□平和な世界を創造することについて考えることもまた大切です。

It's also important **to think** about creating a peaceful world.

□これらの写真は私に祖父を思い出させます。

These pictures **remind me of** my grandfather.

□私たちの使命は平和に向かって努力することです。

Our mission is to **work for** peace.

□私は長い間，海外に住んでいました。

I lived abroad **for a long time**.

□彼らは年々より年をとっていきます。

They are getting older **year by year**.

□私は東京で育ちました。

I **was brought up** in Tokyo.

□彼女は娘のことを思い浮かべました。

She **thought of** her daughter.

[Let's Read 1]

□彼に何が起こるのでしょうか。

What will **happen to** him?

□会議はまだ続いています。

The meeting **is** still **going on**.

□私はついに家に着きました。

I got home **at last**.

□彼らは初めて海を見ました。

They saw the sea **for the first time**.

□ただちにそこへ行きなさい。

Go there **right away**.

□私は今日の午後，外出するつもりです。

I will **go out** this afternoon.

7

✓ 重要語 チェック 英単語を覚えましょう。

□科学技術	名technology
□毎日の，日々の	形daily
□ロボット	名robot
□ドローン〔無線操縦の無人機〕	名drone
□スマートフォン	名smartphone
□進歩(する)，発達(する)	名動progress
□(情報)検索，サーチ	名search
□エンジン	名engine
□検索エンジン	名search engine
□応答する，反応する	動respond
□命令，指令	名command
□よく見られる，ありふれた	形common
□自動的に	副automatically
□翻訳	名translation
□ソフトウェア	名software
□非常に，とても	副quite
□柔らかい	形soft
□肌，皮	名skin
□〜を配達する，届ける	動deliver
□小包，箱	名package
□特定の	形particular
□住所，宛先	名address
□機械(装置)	名machine
□〜を翻訳する	動translate
□表現，言い回し	名phrase
□賛成する，同意する	動agree

□コミュニケーションをとる，交流する	動interact
□外国の，外国人の	形foreign
□(ひょっとして)〜かもしれない	助might
□もはや，これ以上	副anymore
□反対する，意見が合わない	動disagree
□航法，ナビゲーション	名navigation
□(質問，要求など)を出す，提起する	動raise
□速く，急速に	副rapidly
□〜を交換する	動exchange
□〜を広げる	動broaden
□理解，知識	名understanding
□ヒント，手がかり	名hint
□ハンドボール	名handball
□直接に，じかに	副directly
□〜をひどく嫌う，憎む	動hate
□頼る，依存する	動depend
□〜だと思う	動suppose
□適切な，ふさわしい	形proper
□〜を思い出す	動remember

✓ 重要文 チェック 日本語を見て英文が言えるようになりましょう。

□声の指令に応答するスマートフォンは最近よく見られます。

Smartphones <u>which</u> <u>respond</u> <u>to</u> <u>voice</u> <u>commands</u> are common these days.

□私には日本食レストランを経営するおじがいます。

I have <u>an</u> <u>uncle</u> <u>who</u> <u>runs</u> a Japanese restaurant.

□それはあなたの世界観を広げる経験です。

It's <u>an</u> <u>experience</u> <u>that</u> <u>will</u> <u>broaden</u> your world view.

□このロボットは私の声に応答します。

This robot <u>responds</u> <u>to</u> my voice.

□私はよい考えを思いつきました。

I <u>came</u> <u>up</u> <u>with</u> a good idea.

□私はトムに賛成します。

I <u>agree</u> <u>with</u> Tom.

□私は多くの人々の前で話すことを嫌に思います。

I <u>hate</u> <u>to</u> <u>speak</u> in front of many people.

□彼は両親に頼っています。

He <u>depends</u> <u>on</u> his parents.

✓ 重要語 チェック 英単語を覚えましょう。

[Let's Read 2]

□～を想像する	動imagine
□登場人物, キャラクター	名character
□人, 人間	名human
□工場	名factory
□現代の, 最新式の	形modern
□多種多様, さまざま	名variety
□形, 形状	名shape
□～を向上させる, ～を改善する	動improve
□上に[の]	副above
□衣服, ～着	名suit
□救助	名rescue
□危険な	形dangerous
□原子力の	形nuclear
□エネルギー, 動力資源	名power
□発電所	名power station
□～を開発する	動develop
□～を探検する, 探査する	動explore
□国際的な	形international
□sendの過去形, 過去分詞	動sent
□～に着く, 到着する	動reach
□(病気・けがなどが)重い, 深刻な	形severe
□身体の	形physical

□(病気などによる)障害(があること)	名disability
□秋	名autumn
□使用者, 利用者	名user
□病気, 疾病	名disease
□体	名body
□～を思うように操る	動control
□運動	名movement
□生放送の	形live
□マイク	名microphone
□サービス, 接客, 応対	名service
□助言, アドバイス	名advice
□～をつなぐ, 関係させる	動connect
□社会, 世間	名society

[Daily Life 3]

□解決策	名solution
□汚染	名pollution
□海, 海洋	名ocean
□ごみ, くず	名trash
□～に影響する, (人・体を)冒す	動affect
□健康	名health
□野生生物	名wildlife
□～を救う	動save
□(太陽・明かりなどが)輝くこと, 晴れ	動shine
□北, 北方	名north

□地域住民,　　　　　　图community
　地域社会の人々
□ごみ袋　　　　　　　　图trash bag

□（必要なもの）を　　　　動provide
　提供する
□詳細な,細部にわたる　形detailed

✓ 重要文 チェック♪ 日本語を見て英文が言えるようになりましょう。

[Let's Read 2]

□あなたの夢は実現するでしょう。

□私はいろいろな映画を見たいです。

□その歌手はますます有名になってきています。

□私は何度も何度もその手紙を読みました。

□私はボブと友達になりました。

□彼は彼自身を社会と関係させたいと思っています。

[Daily Life 3]

□私はこのチームの一員でいたいです。

□熱心に勉強することが効果を上げるでしょう。

□どうぞ遠慮なく私にたずねてください。

Your dream will <u>come</u> <u>true</u>.
I want to see <u>a</u> <u>variety</u> <u>of</u> movies.

The singer is getting <u>more</u> <u>and</u> <u>more</u> famous.
I read the letter <u>again</u> <u>and</u> <u>again</u>.

I <u>made</u> <u>friends</u> <u>with</u> Bob.
He wants to <u>connect</u> <u>himself</u> <u>with</u> society.

I want to <u>be</u> <u>part</u> <u>of</u> this team.

Studying hard will <u>make</u> <u>a</u> <u>difference</u>.
Please <u>feel</u> <u>free</u> <u>to</u> <u>ask</u> me.

Unit 5 Plastic Waste ～ Daily Life 4

✓ 重要語チェック 英単語を覚えましょう。

[Unit 5]

□ビニール(製)の	形plastic	□1対，1組	名pair
□廃棄物，ごみ	名waste	□傘	名umbrella
□発表	名presentation	□〜を貸す	動lend
□汚い，汚れた	形dirty	□lendの過去形	動lent
□ひどい	形terrible	□推理もの，ミステリー	名mystery
□衝撃的な	形shocking	□推理小説	名mystery novel
□よく知られた	形familiar	□(新聞などの)記事	名article
□ビニール袋	名plastic bag	□〜を減少させる	動reduce
□たった1つの	形single	□主要な	形major
□〜を投げる，放り出す	動throw	□〜を取り替える	動replace
□図表，グラフ	名graph	□ストロー	名straw
□総計，合計	名amount	□紙	名paper
□〜につき	前per	□努力，労力	名effort
□位置する	動rank	□キャンバス地	名canvas
□〜に危害を加える	動harm	□容器，入れ物	名container
□環境	名environment	□材料，素材，原料	名material
□throwの過去分詞	動thrown	□木綿	名cotton
□住民	名resident	□環境の，自然環境への	形environmental
□〜を汚染する	動pollute	□環境に優しい	形eco-friendly
□〜を禁止する	動ban	□ボトル，びん	名bottle
□社会の	形social	□〜を再利用する	動reuse
□情報伝達手段	名media	□〜を印刷する	動print
□ソーシャル・メディア	名social media	□明かり，照明	名light
□〜を再利用する	動recycle	□運動，キャンペーン	名campaign
□きちんと，正しく	副properly	□〜を集める	動gather
□惑星	名planet	□〜を取る，取り除く	動pick
□バイバイ，じゃあね	間bye	□署名	名signature
□ハンカチ	名handkerchief	□結果，結末，なりゆき	名result
		□成功	名success

12

□ 〜てさえ   副even
□ パーセント   名percent
□ 〜を話し合う   動discuss
□ (課題など)を解決する   動solve
□ その代わりに   副instead

[Daily Life 4]
□ 熱帯雨林   名rain forest
□ 製品，生産物   名product
□ 聴衆，観客，聞き手 名audience
□ 呼吸する，息をする 動breathe

☑ 重要文 チェック 日本語を見て英文が言えるようになりましょう。

[Unit 5]

□ これは私がウェブサイトで見つけたグラフです。

This is a graph (**which**) **I found** on a website.

□ 彼女たちが始めた運動はソーシャル・メディアを通じて広まりました。

The movement (**that**) **they started** spread through social media.

□ これは私が見つけた記事です。

This is an article **I found**.

□ 私たちの計画はどうなるでしょう。

What happens to our plan?

□ その缶を捨てないでください。

Don't **throw** the can **away**.

□ 知ってのとおり，これは実話です。

You see, this is a true story.

□ 即座に行動しなさい。

Take action quickly.

□ 彼は友達を見捨てませんでした。

He didn't **give up on** his friends.

□ 私は1足の靴を買いました。

I bought **a pair of** shoes.

□ おとといは雨でした。

It was rainy **the day before yesterday**.

□ それはチェスのようなものです。

It's **a kind of** chess.

□ 彼は車を新しいものと取り替えました。

He **replaced** his car **with** a new one.

□ 私は彼のために努力しました。

I **made an effort** for him.

□ チーズはミルクから作られます。

Cheese **is made from** milk.

□ 私は理科だけてなく数学も好きです。

I like math **as well as** science.

□ テレビを消してください。

Please **turn off** the TV.

□ 私たちは缶やびんを拾い上げました。

We **picked up** cans and bottles.

□ その結果，彼は試合に勝ちました。

As a result, he won the game.

□ これを重点的に取り扱いましょう。

Let's **focus on** this.

Unit 6 The Chorus Contest ~ You Can Do It! 2

pp.75～87

✓ 重要語チェック 英単語を覚えましょう。

[Unit 6]

□合唱，合唱部 　名chorus

□コンテスト，競争 　名contest

□事柄，問題，事件 　名matter

□困難，困った状況 　名trouble

□〜をねじる，ひねる 　動twist

□手首 　名wrist

□〜している間に 　接while

□少数の，いくつかの 　形few

□〜まで(ずっと) 　前until

□女性 　名woman

□womanの複数形 　名women

□1つ，1個，1枚 　名piece

□〜のそばに[の]， 　前beside
　〜の隣に[の]

□〜を招く， 　動invite
　〜を招待する

□〜を治す，〜を癒す 　動heal

□Tシャツ 　名T-shirt

□〜をデザインする 　動design

□指揮者 　名conductor

□独唱，ソロ 　名solo

□話，物語 　名tale

□詩，韻文 　名poem

□信じがたい，驚くべき 　形unbelievable

□変な，いつもと違う，　形strange
　奇妙な

□知らせ，新情報，　名news
　便り

□(期間・出来事・物語 　名beginning
　などの)初め，最初

□ニュージーランド 　名New Zealand

□〜の特徴を述べる 　動describe

□アートワーク， 　名artwork
　芸術作品

□サル 　名monkey

□あうっ，痛いっ 　間ouch

□〜をかむ，かみつく 　動bite

□耳 　名ear

□カエル 　名frog

[You Can Do It! 2]

□(提案などが)興味を 　形attractive
　そそる，関心を引く

□落ち着いた， 　形relaxed
　くつろいだ

□(提案など)に反対して 　前against

14

✓ 重要文 チェック 日本語を見て英文が言えるようになりましょう。

[Unit 6]

□ 1台のピアノをひいている2人の人がいます。

□ 彼らはティナによってデザインされたTシャツを着ています。

□ あなたがなぜ去るのか私たちに話してください。

□ あなたは，あなたがいつ出発するのか知っていますか。

□ どうかしましたか，ケン。

□ 彼らは困ったことになっています。

□ 彼は数週間前に日本に来ました。

□ メグは1切れのケーキを食べました。

□ 彼女は東京に引っ越しました。

□ 彼は8月のはじめに出発します。

[Active Grammar 2]

□ このかばんは木綿から作られています。

[You Can Do It! 2]

□ 私は毎日，昼食後に昼寝をします。

There are two people <u>playing one piano</u>.

They're wearing T-shirts <u>designed by Tina</u>.

Tell us <u>why you're leaving</u>.

Do you know <u>when you're leaving</u>?

<u>What's the matter</u>, Ken?

They <u>are in trouble</u>.

He came to Japan <u>a few weeks</u> ago.

Meg ate <u>a piece of</u> cake.

She <u>moved to</u> Tokyo.

He will leave <u>at the beginning of</u> August.

This bag <u>is made of</u> cotton.

I <u>take a nap</u> after lunch every day.

15

Unit 7 Tina's Speech ～ World Tour 2

教pp.89～97

✓ 重要語 チェック 英単語を覚えましょう。

[Unit 7]

□スピーチ，演説	名speech
□突然，急に <small>とつぜん</small>	副suddenly
□～を予期する	動expect
□〔複数形で〕はし	名chopstick
□いっぱいの	形full
□心配，不安	名anxiety
□卒業する	動graduate
□できるかぎりの	形possible
□衝撃的な出来事， ショック	名shock
□～を折る	動fold
□ツル	名crane
□真実，事実	名truth
□基本的に	副basically
□どこでも	副everywhere
□～を尊重する， ～を重んじる	動respect
□冒険， <small>ぼうけん</small> はらはらする経験	名adventure
□総理大臣	名prime minister
□テスト	名test
□思い出，記憶に残っ <small>き おく</small> ていること[人]	名memory
□～を満たす	動fill

[World Tour 2]

□10億(の)	名形billion
□性，ジェンダー	名gender
□地形，地勢	名geography

□アジア	名Asia
□アメリカ	名America
□ヨーロッパ	名Europe
□教育	名education
□大学	名college
□瀕死の，死にかけている	形dying
□飢餓	名starvation
□栄養不足の	形undernourished
□太りすぎの	形overweight
□(雨，危険，攻撃か らの)保護，避難 <small>ひ なん</small>	名shelter
□(面会・利用などの) 権利，機会	名access

重要文 チェック

日本語を見て英文が言えるようになりましょう。

[Unit 7]

□私はそこに着いたときに，何を予期すればいいかわかりませんでした。

I didn't know <u>what to expect</u> when I got there.

□私ははしの使い方を学んだ方がよいと思いました。

I thought I should learn <u>how to use chopsticks</u>.

□もし（今）私があの心配している女の子に話すことができたら，「何も心配する必要はありません」と言うのに。

<u>If I could</u> speak to that worried girl, I <u>would</u> say, "There's no need to worry."

□彼女は明日，スピーチをするでしょう。

She will <u>make a speech</u> tomorrow.

□私はそれほど空腹でもありません。

I'm <u>not really</u> hungry.

□この箱はリンゴでいっぱいです。

This box <u>is full of</u> apples.

□はや２年がたち，私は日本に住んでいます。

<u>Fast forward</u> two <u>years</u>, I live in Japan.

□落ち込む必要はないですよ。

You don't have to <u>feel down</u>.

□あなたはここで火を起こすことができますか。

Can you <u>build a fire</u> here?

□私の考えはあなたのと違っています。

My idea <u>is different from</u> yours.

□実は彼は孤独なのです。

<u>The truth is</u> (that) he is lonely.

□あなたはどのようにしてそれを知ったのですか。

How did you <u>find</u> it <u>out</u>?

□何も心配する必要はありません。

There is no <u>need to worry</u>.

□そのびんを水で満たしなさい。

<u>Fill</u> the bottle <u>with</u> water.

[World Tour 2]

□私はその報告を利用できませんでした。

I didn't <u>have access to</u> the report.

□私は試験に合格するために熱心に勉強しました。

I studied hard <u>in order to</u> pass the exam.

17

Let's Read 3 Changing the World

重要語 チェック 英単語を覚えましょう。

□化学物質	名chemical	□〜の方へ，〜に向かって	前toward
□砂漠	名desert	□目標，目的	名goal
□消える	動vanish	□北の，北にある	形northern
□ずっと，永久に	副forever	□非常に貧乏な	形needy
□〜もまた(…し)ない	副neither	□富，財産	名wealth
□サケ	名salmon	□spendの過去形	動spent
□死んでいる，枯れている	形dead	□愛情	名affection
□小川	名stream	□いとわない，自発的な	形willing
□代表	名delegate	□欲深い	形greedy
□政府	名government	□振る舞う	動behave
□主催者	名organizer	□争う，戦う	動fight
□記者，ニュースレポーター	名reporter	□乱雑，めちゃくちゃな状態	名mess
□政治家	名politician	□生き物	名creature
□誰か，ある人	代somebody	□〜を慰める	動comfort

重要文 チェック 日本語を見て英文が言えるようになりましょう。

□私の妹は1人で眠るのが怖いのです。 My sister <u>is afraid to</u> sleep alone.

□あなたはまるで十分な金を持っているかのように行動します。 You act <u>as if</u> you have enough money.

□私はきれいな水を取り戻したいのです。 I want to <u>bring</u> clean water <u>back</u>.

□私はあなたをお手伝いするのをいといません。 I <u>am willing to</u> help you.

□私は息子に諦めないように教えています。 I <u>teach</u> my son <u>not to</u> give up.

□私たちはその問題を解決しようと努力しました。 We tried to <u>work</u> the problem <u>out</u>.

□試合では最善を尽くしましょう。 Let's <u>do the best</u> at the game.

✓ 重要語 チェック 英単語を覚えましょう。

[Unit 8]

□さようなら，　　　　　間名goodbye
　別れの挨拶

□野心のある，　　　　　形ambitious
　大望のある

□いつもの　　　　　　　形usual

□〜以内に[で]　　　　　前within

□退屈した，　　　　　　形bored
　うんざりした

□はじめから終わりまで　副round

□〜を受け入れる　　　　動accept

□夜の12時　　　　　　　名midnight

□助けになる　　　　　　形helpful

□友情，友人関係　　　　名friendship

[You Can Do It! 3]

□（記憶・所持品など　　形precious
　が）大切な

□重要性　　　　　　　　名importance

✓ 重要文 チェック 日本語を見て英文が言えるようになりましょう。

[Unit 8]

□あなたが出発しなければいいの
　に。

<u>I</u> <u>wish</u> you <u>weren't</u> <u>leaving</u>.

□私がとどまることができたらい
　いのに。

<u>I</u> <u>wish</u> I <u>could</u> <u>stay</u>.

□観客は退屈するでしょう。

The audience will <u>get</u> <u>bored</u>.

□連絡を取り合いましょう。

Let's <u>keep</u> <u>in</u> <u>touch</u>.

□無事な旅を祈ります。

Have <u>a</u> <u>safe</u> <u>trip</u>!

□ここでは一年中泳げます。

We can swim here <u>all</u> <u>year</u> <u>round</u>.

□私はいつでもあなたの支えとな
　ります。

I'll always <u>be</u> <u>there</u> <u>for</u> you.

[You Can Do It! 3]

□それじゃあ，またね。
　─さようなら。

See you later.
─ <u>Cheers</u>!

光村図書版・中学英語３年